hajimeteno
dokusho method

はじめての読書メソッド

本が苦手な子を
本好きにする
17の方法

有元秀文
日本ブッククラブ協会理事長

松原ゆかり
東京都公立小学校特別支援学級教室主任

合同出版

は じ め に

　この本で紹介する読書メソッドは、アメリカで開発された「ブッククラブ」でおこなわれている指導方法をベースにしています。

　「ブッククラブ」とは、一冊の本をみんなで読み、課題をあげてグループディスカッションをすることによって国語力や読書力を飛躍的に育てる指導方法です。

　アメリカでは、学習障害（LD）、注意欠陥多動性障害（ADHD）、自閉症スペクトラム障害（ASD）、読み書き障害、ダウン症などがある子どもたちにも実践され、読書意欲と自尊感情が向上するなど、著しい効果をあげています（「言語力を育てるブッククラブ」T.E. ラファエル、有元秀文訳、電子版Ｐ４７〜４９）。

　この本では、小学校低学年〜高学年までのさまざまな子どもの読書レベルや興味関心に合った絵本を選び、教師や親と話し合いながら読書を楽しむ方法を紹介しました。一人で読書が困難な子や、特別支援教育においても読書に親しめるメソッドです。

　どんな子どもにも有効な 17 の読書指導のメソッドを、イラストを交えながら解説しました。はじめて実践する方に向けた子どもへのサポートのコツも参考にしてください。また、読書メソッドにおすすめな本のリストと、実践するときのヒントを「よくある質問」でまとめました。

　学校だけでなく、放課後等デイサービスなどの社会教育の場や家庭でも実践していただけたらと願います。

　この本は、ブッククラブをアメリカから導入して、日本の学校教育にふさわしいメソッドとして発展させる研究を続けている有元と、長年、特別支援学級でブッククラブを実践し、効果をあげている松原が検討を重ねながら書き上げました。

　子どもの教育に、日々努力している先生たちのお役に立つことを心から願っています。また、読み聞かせや読書指導に関心のある親御さんたちにもきっとお役に立つと思います。

　子どもと一緒に、絵本を手に取って、気楽にできることからはじめてください。この本に書いてある通りにすべてする必要はありません。楽しんで、本が好きになることが一番大切なのです。

謝辞
　この本で取り上げた作品の画像を快く提供してくださった出版社、ならびに NPO 法人日本ブッククラブ協会の会員、ブッククラブの子どもたちと保護者のみなさまに深く感謝します。

有元　秀文
松原　ゆかり

もくじ

Part 1
読書メソッドの基本的な進め方

Part 2
本が好きになる17の読書メソッド

著者プロフィール

読書メソッドの

基本的な進め方

大好きな本を見つけて与える
選書の方法

❗ 次のポイントで本を選びます。

1） ほとんどの子どもが理解できるレベルの本を選びます。

2） ほとんどの子どもが興味を持つような本を選びます。

3） 難しすぎてもやさしすぎてもいけません。
実際に子どもに読んでみて、退屈したりわからなくてうわの空だったら、次回からもっと興味を引くような、やさしい本に切り替えます。

4） いつまでも同じレベルの本を読ませてはいけません。子どもに力がついてきたらだんだんにレベルを上げます。もちろん急にレベルを上げてはいけません。

選書のステップ

1）ほとんどの子どもが理解できる

2）ほとんどの子どもが興味を持つ

3）難しすぎたり退屈したらちがう本に変える

4）だんだん少しずつレベルを上げる

読書メソッド2

興味や意欲を引き出す問いを立てる

質問のしかた

❗ 次の2つの目的で問いを立てます。

1）ただ聞いているだけでは注意が散漫になるため。

2）自分で考えさせることによって自立を促すため。

❗ 基本的な「問い」のスタイルは次の通りです。

1）表紙を見ながらどんなお話か予測させます。

表紙から予測

どんなお話だと思う？

2）登場人物の行動の理由を考えさせます。

過去を考える

なぜこうしたんだと思う？

3）読みながら次にどうなるか予測させます。

未来を予測

これからどうなると思う？

4）本と同じような体験がないか聞きます。

体験をふりかえる

これと同じようなことをしたことがある？

5）お話の続きを考えさせます。

未来を創造

これからどうなると思う？

6）お話のほかの終わり方を考えさせます。

想像力を育てる

もっといい終わり方はないかな？

＊5、6の問いは、難度が高いので慣れてからにします。

＊場面かんもく症など発言が苦手な子どもにはむりに発言を促しません。さまざまな子どもの状態に目を配りながら進めます。

⚠ 問いを立てるときは次の点に注意します。

1）子どもの発言をよく聞き、そのまま受け入れ、共感して、励まし、ほめます。

2）どんな答えでも受け入れて、間違っていても否定したり批判したりしません。否定や批判をすると発言意欲をなくします。

3）答えられなければ、答えの例をあげて、選ばせます。

4）それでも答えられなかったら深追いせず、読み進めます。必ず答えさせようとしてはいけません。

問いを立てるときには

よく聞く

受け入れる

ほめる

読書メソッド3

本のあらすじを理解させる

読解の方法①

❗ 「読書へのアニマシオン」というスペインで開発された読書ゲームを取り入れて楽しく遊びながらあらすじを理解させます。『ごんぎつね』のお話で例を示します。

1) 短冊に物語の中のできごとをまとめて書きます。

2) 順序をばらばらにしてホワイトボードにマグネットで貼ります。

3) みんなで相談して、元の順序に並べ替えさせます。

4) 短冊にまとめ、並べ替えることで物語のあらすじが頭に入ります。

5) 思い出せない子がいたら、絵本を前から順に見ながらあらすじを思い出せるように支援します。

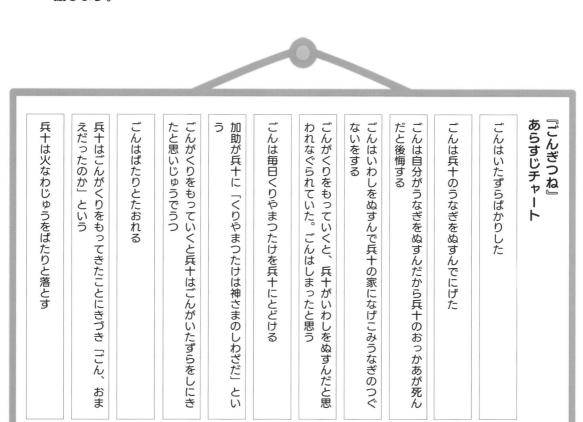

『ごんぎつね』
あらすじチャート

ごんはいたずらばかりした

ごんは兵十のうなぎをぬすんでにげた

ごんは自分がうなぎをぬすんだから兵十のおっかあが死んだと後悔する

ごんはいわしをぬすんで兵十の家になげこみうなぎのつぐないをする

ごんがくりをもっていくと、兵十がいわしをぬすんだと思われなぐられていた。ごんはしまったと思う

ごんは毎日くりやまつたけを兵十にとどける

加助が兵十に「くりやまつたけは神さまのしわざだ」という

ごんがくりをもっていくと兵十はごんがいたずらをしにきたと思いじゅうでうつ

ごんはばたりとたおれる

兵十はごんがくりをもってきたことにきづき「ごん、おまえだったのか」という

兵十は火なわじゅうをばたりと落とす

Part 1　読書メソッドの基本的な進め方　　9

読書メソッド**4**

登場人物の関係を理解させる

読解の方法②

❗ 主な登場人物の特徴とお互いの関係を描いた図を「キャラクターマップ（人物相関図）」といいます。主人公を中心に書き、それぞれに吹き出しをつけて特徴を書き込んでいきます。子どもの意見を聞きながら教師が書いていきます。『ごんぎつね』の例で紹介します。

大　人：どんな登場人物がいた？
子ども：ごんぎつね、ひょうじゅう
大　人：ごんぎつねはどんなきつねだった？
子ども：ひとりぼっち
大　人：ひょうじゅうはどんな人だった？

答えられなかったらもう一度絵本の最初に戻って子どもと一緒に確認しましょう。

ごんぎつねのキャラクターマップ

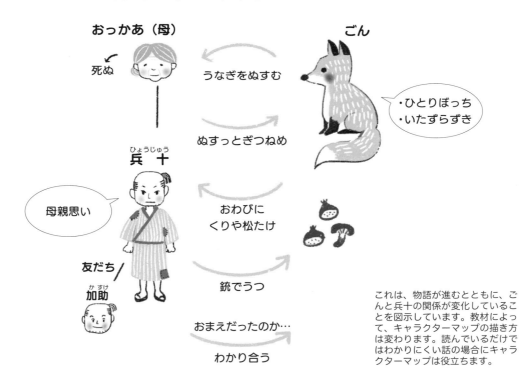

これは、物語が進むとともに、ごんと兵十の関係が変化していることを図示しています。教材によって、キャラクターマップの描き方は変わります。読んでいるだけではわかりにくい話の場合にキャラクターマップは役立ちます。

本について話し合わせる

教師や親と対話する

❗ 子どもに本についての自分の感情や意見を持たせるためには、適切な問いを与えることが必要です。問いを立てるには鉄則があります。

教師が答えさせたい問いではなく、子どもが答えやすい、自分から自然に話したくなるような子どもにとって楽しい問いを選びましょう。

子どもにとって一番答えやすい問いは、次のように「子どもの日常生活に関わること」です。

例えば、

　「あなたの好きな遊びは？」

　「どんなものがほしい？」

　「好きな食べ物は？」

　などが答えやすい問いです。

また、「大きくなったら何をしたい？」などは非常に難しい問いですから、レベルが上がるまでは避けましょう。

✕ 教師が答えさせたい問い

❀ 子どもが答えたい問い

ハ ── イ!!

本について自分の意見を書かせる

作文にまとめる

❗ まず、文字を書くことからはじめ、文章を書く練習をします。

1）最初は絵を描かせます。

例えば、ケーキを描いたら、何を描いたか説明させてから「ケーキ」と文字を書かせます。
文字が書けない子には、教師が赤鉛筆で薄く書いたところをなぞらせます。
それからだんだんに「ふわふわしたケーキ」とか「まるいケーキ」のように子どもが思ったことを言葉で表現させていき、それを文字にする練習をします。

2）次に文章を書く練習をします。

クイズ形式で、文章を書かせます。
例えば、「絵本の中で好きな人はだれ？」と教師が質問し、子どもが「がまくん」と答えたら、教師が「どうして？」と聞きます。子どもが「かわいいから」と答えたら、教師が「かわいいからがまくんがすきです」と一文をつくり、それを子どもに書かせます。

3）文字や文章が書けるようになった子には、次の方法でさらに書く練習をします。

自分の意見が書けるようになる6つのステップ

ステップ1 子どもが一番書きやすい問いを考えます。

例えば、『桃太郎』の読書では、「あなたはどんな宝物がほしい？」と聞きます。子どもは必ずほしい物があるので書きやすいです。

ステップ2 問いの答えを考えさせます。

おもちゃやゲーム機、ゲームソフトなどほしがっている物でいいでしょう。

ステップ3 書き方の型を教えます。

「ほしい物＋理由」の順序で書くことを教えます。

例えば「任天堂のゲーム機スイッチ」がほしい場合は、以下のように空欄のあるところを埋めさせます。

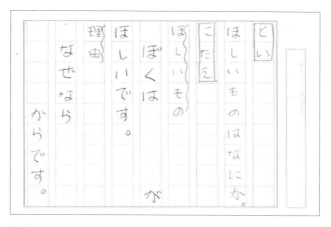

ステップ4 書けない子には、教師が質問しながら答えを引き出していきます。

ステップ5 教師が子どもの答えを整理してきちんと整った文章にし、子どもに書く文章を教えて書かせます。くり返すうちに一人でできるようになります。

ステップ6 一文が書けるようになったら二文が書けるようにします。「それからプレイステーションもほしいです」のように、接続語を教えて二文にさせます。だんだんに文の数を増やしていきます。

　毎日続けることをおすすめします。ほとんどの子どもは、指導前に比べて文章が書けるようになります。

Part2 の使い方

1．最初から順に読んでください。

2．興味のある本があったら子どもに読んで聞かせてください。

3．全部この本の通り実践しなくてもかまいません。その子に合ったやさしい問いからはじめてください。

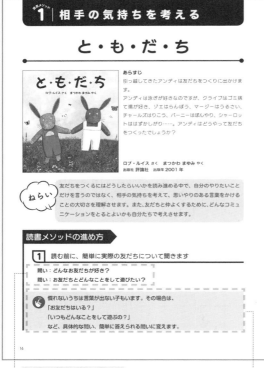

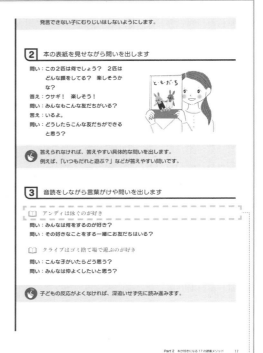

子どもへの問い
子どもへ出す問いの例です。
挙手をして答えさせます。子どもに合った
やさしい問いからはじめてください。

要約して作品を紹介
物語の流れを把握するために、原文を
要約して紹介しています。
実際には絵本をそのまま音読します。

進め方のポイント
読書メソッドを進める中で、子どもたちの反応はさまざまです。
ここでは、予想される反応に対して、どのように進めたらいい
のか、そのポイントを解説しています。

本が好きになる

17の読書メソッド

相手の気持ちを考える

と・も・だ・ち

あらすじ

引っ越してきたアンディは友だちをつくりに出かけます。

アンディは泳ぎが好きなのですが、クライブはゴミ捨て場が好き、ゾエはらんぼう、マージーはうるさい、チャールズはりこう、バーニーはぼんやり、シャーロットははずかしがり……。アンディはどうやって友だちをつくったでしょうか？

ロブ・ルイス さく　まつかわ まゆみ やく
出版社 評論社　出版年 **2001** 年

ねらい

友だちをつくるにはどうしたらいいかを読み進める中で、自分のやりたいことだけを言うのではなく、相手の気持ちを考えて、思いやりのある言葉をかけることの大切さを理解させます。また、友だちと仲よくするために、どんなコミュニケーションをとるとよいかも自分たちで考えさせます。

読書メソッドの進め方

1 読む前に、簡単に実際の友だちについて聞きます

問い：どんなお友だちが好き？

問い：お友だちとどんなことをして遊びたい？

 慣れないうちは言葉が出ない子もいます。その場合は、

「お友だちはいる？」

「いつもどんなことをして遊ぶの？」

など、具体的な問い、簡単に答えられる問いに変えます。

発言できない子にむりじいはしないようにします。

2 本の表紙を見せながら問いを出します

問い：この２匹は何でしょう？　２匹は
　　　どんな顔をしてる？　楽しそうか
　　　な？
答え：ウサギ！　楽しそう！
問い：みんなもこんな友だちがいる？
答え：いるよ。
問い：どうしたらこんな友だちができる
　　　と思う？

 答えられなければ、答えやすい具体的な問いを出します。
例えば、「いつもだれと遊ぶ？」などが答えやすい問いです。

3 音読をしながら言葉がけや問いを出します

📖 アンディは泳ぐのが好き

問い：みんなは何をするのが好き？
問い：その好きなことを一緒にするお友だちはいる？

📖 クライブはゴミ捨て場で遊ぶのが好き

問い：こんな子がいたらどう思う？
問い：みんなは仲よくしたいと思う？

 子どもの反応がよくなければ、深追いせず先に読み進みます。

📖　ゾエはらんぼう

問い：みんなにはらんぼうな友だちはいる？

問い：もしゾエみたいにらんぼうな友だちがいたらどうする？

📖　マージーはうるさい

問い：こんな友だちは知ってる？

問い：友だちがうるさいとき、あなたはどうする？

📖　チャールズはりこう

問い：みんなはりこうな友だちは好き？

問い：りこうな子と友だちになりたい？

👆 大人は、りこうな子と友だちにさせたいものですが、決して大人の考えを押しつけてはいけません。自分で考えさせましょう。

📖　バーニーはぼんやり

問い：ぼんやりした子は知ってる？

問い：どんな言葉をかけてあげたらいいかな？

📖　シャーロットははずかしがり屋

問い：はずかしがり屋の子は知ってる？

問い：どうしてあげたらいいのかな？

📖　アンディはだれも好きになれず友だちができません

📖　アンディ以外の子はみんな仲よく遊んでいます。アンディはひとりぼっち

問い：このあと、アンディはどうしたら友だちがつくれるかな？　みんなで考えてみよう。

問い：どんなお友だちがいたかな？　思い出してみよう。

下のように、黒板やホワイトボードに登場人物の絵を貼り、一匹ずつどんな名前で、どんな性格で、どんなことをやっていたか思い出させます。覚えていなくてもかまいません。テストのような雰囲気にならないようにします。
思い出せなければ名前を教えますが、考えさせないで教えてはいけません。

クライブ　　　ゾエ　　　マージー　　　チャールズ

バーニー　　　シャーロット　　　アンディ　　　ママ

4　絵本の登場人物になってロールプレイ（役割演技）をおこないます

問い：だれにどんなふうに言ったら一緒に遊べるかな？

子どもに絵本の登場人物から役割を与えます。それぞれ自分の役割のパネルを首から下げ、言うセリフも教えます。
子ども同士では、最初は難しいので、例えば、まず大人がゴミ捨て場が好きな「クライブ」になります。

 子どもから答えが出なかったら親や教師がヒントをあげて教えます。

問い：クライブは、どんなことをするのが好きだったの？
答え：ゴミ捨て場が好き。
問い：では、どんなふうに誘ったらいいかな？
答え：ゴミ捨て場で遊ぼう。
問い：いいねえ。遊ぼう。

 同様に、大人が「ゾエ、チャールズ、バーニー、マージー、シャーロット」の役を
順番に演じて、子どもは「アンディ」になって、どうやったら仲よく遊べるかを提
案させます。
　子どもから意見が出なければ、大人が例をあげて子どもにまねさせます。そのうち
に、子どもは自分で考えるようになります。
　子どもが考えている間に教えてはいけません。少し待ちましょう。

ここから終わりまで音読します。

5　作品がおもしろかったかどうか率直な感想を聞きます

問い：どうだった？　おもしろかった？

答え：おもしろかった。

問い：どこがおもしろかった？

答え：ゴミ捨て場で遊ぶところ。

問い：どうしてゴミ捨て場で遊ぶところがおもしろかったの？

 理由の言えない子はたくさんいますが、むりして答えさせてはいけません。
答えられないときは、大人が答えをいくつか示して選ばせます。

問い：どこがおもしろかった？　クライブ？　ゾエ？　マージー？……

答え：ゾエがアンディの上ではねまわるところ。

問い：どうして？

答え：……。

問い：自分もやってみたいから？

答え：やってみたい！

 答えられてもこれで終わってはいけません。暴力を肯定することになります。

問い：でも、乗られた人は痛くない？

 子どもの発言によっては、大人の意見を押しつけないで、質問をして自分で考える
ようにさせます。

6 終わりに、作品の一番大切なところを理解する問いを出します

 子どもに合わせて、子どもの答えやすい問いを探してください。

問いの例：

みんなは、どんな友だちがつくりたくなった？　それはどうして？

もっと友だちがほしい？

今日はだれと遊びたい？

きょうだいと遊びたい？

ほかに遊びたい人はいる？　など。

 決してむりをせず、答えられなかったらあっさりと打ち切ります。慣れてくれば自然に話せるようになるものです。待つことが大切です。

また、子どもが話をしやすい雰囲気をつくることも大切です。

はらぺこあおむし

あらすじ

はらぺこなあおむしは、お菓子やいろいろな物を食べすぎておなかをこわします。あおむしはどうなるでしょうか?

エリック・カール さく　もり ひさし やく
出版社 偕成社　出版年 1976 年

好きなものを食べすぎたあおむしは反省し、やがて美しいちょうになります。このお話を通して、欲望に負けてはいけないこと、失敗しても反省して立ち直る回復力の大切さを学びます。また、作品中のきれいな絵や興味深い食べ物を見て、集中力を高めます。

読書メソッドの進め方

1 はじめに、タイトルに付せんを貼って見えなくした表紙を見せます

問い:（表紙のあおむしを指差して）これは何だろう?
答え:わからない。

 「わからない」といった反応が多いので、教師が答えの選択肢を出して子どもに選ばせます。

問い:（ケムシ、あおむし、ミミズの写真を見せて）どれかな?　指差してごらん。
答え:（あおむしを指差す）
問い:何て言うむしか知ってる?　あおむし?　あかむし?　みどりむし?

問い：（付せんをはがして）あおむしだね。

　　　はらぺこってどんなこと？

　　　みんなははらぺこになったことある？

答え：ある。

問い：あおむしはどんな食べ物が好きかな？

答え：……。

 なるべく子どもが答えやすい問いを考えます。

答えられないときはむりじいせずに答えの例を示して選ばせます。

2　音読をしながら言葉がけや問いを出します

📖　はっぱの上にたまご

問い：何のたまごかな？

　　　お月様はどんな顔をしている？

　　　うれしそう？　悲しそう？

📖　月曜日、りんごを食べた

問い：りんごは好き？

📖　まだぺこぺこ

問い：次は何を食べると思う？

📖　火曜日、なしを２つ食べた

問い：おなかいっぱいになったかな？
答え：まだ。
問い：なぜ？
答え：ぺこぺこだから。

　おかしな答えでも、大人は一切評価しないで先に進めます。

```
┌─────────────────────────────────────┐
│   子どもが答えやすい問いを与える   │
└─────────────────────────────────────┘
┌─────────────────────────────────────┐
│  答えられないときはむりじいしない  │
└─────────────────────────────────────┘
┌─────────────────────────────────────┐
│       答えの例から選ばせる         │
└─────────────────────────────────────┘
┌─────────────────────────────────────┐
│   おかしな答えでも批判しない       │
└─────────────────────────────────────┘
```

📖　水曜日、すももを３つ

問い：どうしてこんなに食べるの？
　　　おなかはいっぱいになったかな？

📖　金曜日、オレンジ５つ

問い：今度はおなかがいっぱいになったかな？

📖　土曜日、あおむしの食べたものは、チョコ、アイス、ピクルス、チーズ、サラミ、
　　キャンディ……

問い：みんなはどれが食べたい？
　　　食べたい物をぜんぶ言ってごらん。
　　　これをぜんぶ食べたあおむしはどうなるかな？
　　　みんなは食べすぎたことがある？

子どもたちに自分の体験を思い出させます。

📖 あおむしはおいしいみどりのはっぱをたべました

問い：あおむしのおなかはどうして治ったの？

📖 あおむしはさなぎになってなんにちもねむりました

問い：さなぎの皮を脱いだらどうなるかな？

📖 あおむしはちょうになりました

問い：こんなちょうを見たことがある？

3 物語の絵を描かせ、視覚的に理解させます

問い：みんなでちょうを絵に描いてみよう。

 クレヨンや色えんぴつでカラフルなちょうを描かせましょう。
ちょうの形に切り取った画用紙に、模様だけを描かせてもいいでしょう。
ネットなどからちょうのカラー写真を印刷して見せて描かせてもいいでしょう。
描けたら「この色がきれいだね」と具体的にほめましょう。
絵に自信がなくてうまく描けないと思っている子にもいいところを見つけてほめましょう。
「ほめる」ことは難しいことです。しかし、最低、1日1回はほめましょう。そして子どもの反応を見てほめ方を改善していきます。
ポイントは、
「口先だけでなく真心を込めてほめる」
「子どもが今できていることを言葉で伝える」
「前にくらべてよくなっている小さなことを見つける」ということです。

4 終わりに、作品の一番おもしろかった場面の感想を聞きます

問い：この絵本のどこがおもしろかった？

 これが答えられない子には、絵本のページの最初からめくって、ここがおもしろかったかな？　ここかな？　と聞いていきます。

問い：どうしてここがおもしろかったの？

 理由を聞いても答えられなかったら、答えを教師が考えてあげましょう。

問い：みんなはどんな虫や動物が好きかな？

 答えられなかったら昆虫や動物が載った絵や写真を用意して選ばせます。
「今どんなものが食べたい？」なども答えやすい問いです。「好きな（嫌いな）給食は何？」などでもいいでしょう。
だんだんに理由も言えるようにしましょう。はじめのうちは答えられなくてもむりじいしてはいけません。大人がお手本を見せ、模倣させてだんだんに身につけさせます。

＼ 子どもへのサポートのコツ ／

　最初のうちは、本を読むことに集中できない子がいます。それは興味がないからです。毎時間、違う本を用意して、その子がどんな本が好きか見つけていきます。どんな本に興味があるかは、子どもによってまったく違います。
　『はらぺこあおむし』もそうですが、10人のうちの半分以上は必ず興味を持つという本があります。本書の巻末（P106～110）におすすめの本を紹介しました。
　本を探す→授業で使う→子どもの反応を見る→つまらなそうならほかの本を探す、という試行錯誤を根気よく続けましょう。一年もすれば自分なりの本選びの方法が身についてきます。

おひさまとおつきさまのけんか

せな けいこ

あらすじ
お月さまが遅刻してしまい、お日さまがひどく怒りました。お月さまも怒って戦争がはじまってしまいます……。

せな けいこ
出版社 ポプラ社　出版年 2003 年

ねらい

腹を立てて相手を思いやらない言葉がけをすれば、相手も同じように腹が立ってけんかになります。そこから①相手を傷つける言い方をしてはいけないこと、②相手を思いやったやさしい言葉遣いが大切なこと、③けんかや争いからは何も生まれないことを学ばせます。暴力ではなく、言葉で気持ちを伝える大切さを理解させます。

読書メソッドの進め方

1 音読をしながら言葉がけや問いを出します

📖 おひさまがまってると
　おつきさまがちこくした

問い：みんながお日さまだったらどうする？

👆 子どもが、「わからない」と答えたら、「あなたは怒る？　怒らない？」と選択肢を与えて選ばせます。

📖 おひさまはおつきさまに「おそいぞ」とどなった

問い：みんながお月さまならどんな気持ちになる？

答え：わからない。

問い：じゃあ、やってみよう。

② 絵本の登場人物になってロールプレイ（役割演技）をおこないます

👆 子どもはお月さまの、教師はお日さまの絵を描いた紙を首からぶら下げてロールプレイ（役割演技）をおこないます。絵本からカラーコピーしてもいいでしょう。

問い：あなただったらどう思う？　こわくて泣く？　それとも怒る？

答え：怒る。

問い：どうして怒るの？

問い：怒ったら相手はどう思うかな？

少し待っても答えが出なければ、答えの選択肢を与えて選ばせるようにします。それでも答えられなければ、むりに答えを引き出そうとせずに先に読み進めましょう。答えを待つ時間も必要ですがむりじいは禁物です。先に進むタイミングは子どもから教わってください。

3 作品の一番大切なところを理解する問いを出します

📖 おつきさまはおこって
　　ほしたちもさんせいした

問い：どうなるだろう？

📖 おひさまはいばりすぎだ
　　せいぎのせんそうだ

問い：正しい戦争なんてあると思う？

　　　　正しいけんかってある？

　　　　けんかするときはどんな気持ち？　相手も同じ気持ちかな？

📖 みんなこおって　もえて　こなになって
　　なんにもなくなった

問い：これはお話だけど、今、戦争はあると思う？

　　　　学校やおうちでけんかはする？

　　　　どんなことがあったか話してくれる？

問い：お日さまとお月さまはどうしたらけんかにならないと思う？

問い：けんかにならないお話をつくってみようか？

4 絵本とは違うストーリーを考えます

 まず教師がお日さまに、子どもがお月きさまになり、絵本の話とは違ってけんかにならないストーリーを考えます。

 次に、教師と子どもの役割を入れ替えて、おこなってみましょう。
子どもから言葉が出ないときは、教師が考えたセリフをお手本にしてもかまいません。

＼子どもへのサポートのコツ／

　読み聞かせだけではイメージがつかめない子や視覚支援が必要な子には、お日さまが怒った顔やお月さまがしょんぼりした顔を画用紙に描いて、それを首から下げてロールプレイをするといいでしょう。

　うまく絵が描けない場合は、絵本を拡大コピーしましょう。しかし、下手でも自分で描いたほうが子どもの心に伝わるものです。自分自身の絵で登場人物の怒ったり悲しんだりする表情を描いてみましょう。

ぶたたぬききつねねこ

あらすじ

ぶた、たぬき、きつね、ねこと次々に動物たちが出て来て楽しくしりとりをします。

馬場 のぼる
出版社 こぐま社　出版年 1979 年

しりとりを楽しみながら、絵本の楽しさを経験させ、もっと高度な本を読む基礎的な読書力をつけていきます。また問いに答えることで、予測したり、類推したり、自分の問題として考える思考力や判断力も育てます。

読書メソッドの進め方

1　本の表紙を見せながら問いを出します

問い：どんな動物がいる？

何をしている？

どんな気持ちだろう？

うれしそうかな？　悲しそうかな？

どんなお話だと思う？

2 音読をしながら言葉がけや問いを出します

 おひさま　まど　ドア

問い：あれ？　この絵本は何をやってるんだろう？

答え：しりとり！

問い：そうだね、しりとりだね。

　　　次の答えは何かな？

答え：……。

答えられなければ、答えの選択肢を与えて選ばせるようにします。

 お ひ さ (ま) → (ま)(ど) → (ど)(あ)

次のページをめくります。

 あほうどり

問い：どんな鳥かな？

問い：次の答えは？

音読を続けます。

📖 りんご　ごりら　らっぱ

問い：あれ？　ラッパからパイナップルが出て、あほうどりは何て言ってると思う？

📖 ぱいなっぷる　るびー　びーだま　まめ　めんどり

問い：次の答えは？

問い：リスはめんどりから何をもらったの？

 音読をしながら絵について簡単な質問をして、次のページのしりとりの答えを考えさせます。
答えられなければ、答えの選択肢を与えて選ばせるようにします。

問い：くまは何を飲んでるの？

　　　みんなはどんな飲み物が好き？

問い：インコは何を食べてる？

　　　みんなはピーナッツは好き？

問い：コックは何をつくったの？

　　　七面鳥は何で驚いてるの？

問い：七面鳥は焼き鳥にされるかと思ったんだね。

　　　それで、七面鳥はどうしたの？

　　　あれ？　うばぐるまの中の物がほうり出されて、代りに七面鳥が乗ってるよ。

　　　どうしてだろう？

答え：わからない。

問い：みんなは焼き鳥にされちゃったら、どうかな？

答え：いやだ。

問い：ぶた、たぬき、きつね、ねこ……その次は何がいいかな。

📖 コート

問い：ほかに「こ」がつくものはないかなあ？

📖 最後はクリスマス

問い：みんなはクリスマスは好き？

 このように、子どものレベルに合わせてゆっくり対話しながら子どもの意見を引き出してください。答えられなかったら大人がお手本を示して選ばせます。

3 自分の問題として考えさせます

問い：みんなは今度のクリスマスに何がほしい？

\ 子どもへのサポートのコツ /

　話を集中して聞けない子どもがいます。はじめはこの絵本のように文章量が少ない、絵や写真が多い作品を与えてみましょう。そして、時間を区切っておこなったり、クイズ形式で質問して、楽しめるようにすれば、話を集中して聞けるようになります。

ねえ、どれが　いい?

あらすじ

いろいろな物や事柄が描かかた3～4枚の絵を見て、どれがいいかを自分で考え、判断させ、つい理由を言いながら選びたくなるお話です。

ジョン・バーニンガム さく　まつかわ まゆみ やく
出版社 評論社　出版年 2010 年

絵本の見開きのページにある3枚か4枚の絵を見せて、どれがいいかを子どもに考えて選ばせ、楽しみながら意見と理由を言わせます。それにより、①自分で判断し、②自分の意見を言い、③その理由を説明する、思考力・判断力、意見発表力、説明力を育てます。

読書メソッドの進め方

1　本の表紙を見せながら問いを出します

問い：これは何をしている絵かな?
　　　だれとだれがいる?
答え：ブタと男の子。
問い：何に乗ってる?
答え：キックボード。
問い：みんなはキックボードに乗ったことはある?

ブタと男の子はどこに行くのだろう？　公園かな？　家に帰るのかな？

2 ページをゆっくり開いて中とびらの絵を見せて問いを出します

問い：男の子は何をしてる？

答え：ねてる。

問い：ブタは何をしてるかな？

3 音読をしながら意見を言わせて、理由をたずねます

📖　洪水と大雪とジャングルと、どれがいい？

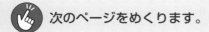　3枚の絵を見せて、どれがいいかを聞きます。

問い：洪水は好き？

答え：きらい。

問い：大雪は好き？

答え：好き。

問い：どうして？　何をするの？

答え：雪合戦や雪だるまをつくる。

問い：ジャングルは好き？

次のページをめくります。

📖　ぞうにおふろのお湯を飲まれる。
　　たかにごはんを食べられる。
　　ブタにズボンをはかれる。
　　かばに布団を取られる。

問い：どれがいい？

答えられなかったら一つ一つヒントを出しながら聞きます。

ぞうに おふろのお湯を 飲まれたら どうなる？

じゃ ほかの どれがいい？

おふろに はいれなくなる

・・・

 答えられなかったらむりをせず先に進みます。

📖 ジャムまみれ、どろだらけ、水浸し どれがいい？

問い：ジャムは好き？
  どろんこ遊びは好き？
  水遊びは好き？
  どれが一番好き？

 嫌なことではなく、肯定的に「好きなこと」を選ばせて聞いてみましょう。

答え：ジャム。
問い：でもジャムだらけになったら？
答え：それでもいいよ。

 どんな答えでも、子どもの気持ちを受け止めます。
慣れてきたらすぐに「どれが一番いいか？」を話し合います。
最初は理由が言えなくてもかまいません。

クモ、かたつむり、虫、へび

問い：この中でどれが一番いい？

答え：かたつむり。

問い：何でかな？

 2000円でいばら、1万円で死んだかえる、2万円でおばけやしき

問い：どれがいい？

自分で考え自分で決定する意思決定の力をつける練習です。
日本人に一番欠けている力ですから、気持ち悪い選択でも楽しんで意見が出るのを
待ってください。意見が出ないからと言ってどんどん先に進んではいけません。

4　この作品の主題である「あたりまえの生活の幸せ」に気づかせます

 はつかねずみのおり、きんぎょ鉢、うさぎ小屋、にわとり小屋、いぬ小屋

問い：みんなはどこになら住む？

答え：ぜんぶいやだ。

問い：どこになら住んでみたい？

子どもが「じぶんのうち」と答えたら絵本のテーマがつかめているのです。
ふつうのあたりまえの幸せが一番すてきなことに気づかせてください。

＼ 子どもへのサポートのコツ ／

　自分から意見が言えない子は、「はつかねずみのおり、きんぎょ鉢、うさぎ小屋、に
わとり小屋、いぬ小屋」のような具体的な言葉で選択肢を与えて選ばせます。
　発言が苦手な子でも数カ月くり返せば自分から発言できるようになります。それま
で、急がず、むりじいせず、できたらほめて励ましましょう。

スイミー ちいさな かしこい さかなの はなし

あらすじ

大きな魚に仲間を食べられてしまったスイミーは知恵をしぼります。さて、どうしたでしょうか？

レオ・レオニ　訳 谷川 俊太郎
出版社 好学社　出版年 1969 年

ねらい　大きな敵と戦うために知恵をふりしぼり仲間を一つにまとめたスイミーの話を通して、子どもたち自身が生活の中で、だれかと協力し合うことの大切さを学び、家庭や学校の生活での人間関係をよりよくする方法を考えさせます。

読書メソッドの進め方

1 本の表紙を見せながら問いを出します

問い：ここはどこかな？

答え：海？　川？

問い：どっちだろう？（決めつけないようにする）

問い：この黒いのは？　あれ、赤いのもいるね？　何で一匹だけ黒いの？

答え：日に焼けたから（どんな答えでも否定しないでうなずく）

2 音読をしながら言葉がけや問いを出します

📖 まぐろがみんな飲み込んで、スイミーだけ逃げた

問い：何でスイミーだけ逃げられたの？

答え：わからない。

問い：じゃあ、前のページに戻ろう。

 わからないときは、前に戻って再度音読します。

📖 泳ぐのはだれよりも速かった　名前はスイミー

問い：どうしてスイミーは逃げられたの？

答え：泳ぐのが速いから。

問い：そうだったね。

📖 スイミーはさびしかった

問い：スイミーはどうなると思う？

答え：死ぬと思う。

問い：どうしたら死なないですむかな？

答え：わからない。

問い：逃げる？　まぐろをやっつける？　かくれる？　どれがいいかな。

📖　海の生きものを見て　スイミーは元気になる

小さな　魚のきょうだいたちを　見つけた

だめだよ　大きな魚に　食べられるよ

みんなで　大きな魚に　なって

大きな　魚を　追い出した

問い：大きな魚をやっつける、もっといい方法があるかな？

逃げる？　みんなで、大きな魚にぶつかる？

みんながちらばって、やられないようにする？

答え：大きな魚のうしろにまわる。

岩の影にかくれる。

砂にもぐる。

👆　子どもたちは戦いごっこは好きですから、例をあげればいろいろな意見が出るはずです。どんな意見でも否定しないで聞いて板書してあげましょう。ただ、ふざけはじめたら止めなければいけません。

③　ロールプレイでスイミーと魚たちの連携を体感させます

👆　大きな魚になってまぐろを追い出すロールプレイをおこないます。机を移動し、スペースをつくります。ふざけないで静かにおこなう約束をします。

まぐろを追い出すロールプレイ

①子どもたちをAグループ、Bグループに分けます。

Aグループ＝まぐろ役（5人程度）

みんなまぐろの絵を持ちます

Bグループ＝スイミーたちの小さな魚の役（10人程度）

9人が小さな赤い魚の絵を持ちます

1人が黒いスイミーの絵を持ちます

②Bグループのスイミーたちが絵本のように大きな魚になってまぐろを追い出す演技をします。

Aグループもまぐろの形をつくります。静かにやるように注意します。学級が落ち着いていない場合は、けんかになることがあるのでやめましょう。

Bグループ （スイミー役）
10人で大きな魚になる

Aグループ （まぐろ役）
5人でまぐろになる

＼ 子どもへのサポートのコツ ／

「まぐろをやっつけるにはどうしたらいい？」などは、子どもたちにとっておもしろい問いであるだけに、ふざけはじめる可能性があります。

大人から見ればへんな意見でも否定してはいけませんが、さわぎ出したりふざけて「空を飛ぶ」など、実現不可能なことを言いはじめたら「まじめに考えましょう」と注意してください。

授業はふざける場面ではないことをきちんと教えましょう。

おとなしいめんどり

あらすじ

いぬとねことねずみは少しも働かないで、めんどりだけがせっせと働いてケーキをつくりました。めんどりはケーキをほかの動物たちにあげるでしょうか？

作 ポール・ガルドン　訳 谷川 俊太郎
出版社 **童話館出版**　出版年 **1994 年**

怠け者の動物たちが働き者のめんどりにこらしめられて反省する物語を通して、家事や当番活動に協力しておこなうことの大切さを理解させます。家庭や学級での自分の様子をふり返り、自分にできることをやってみようとする気持ちを育てます。

読書メソッドの進め方

 本の表紙を見せながら問いを出します

問い：これは何という動物？

答え：にわとり。

問い：オス？　メス？

答え：……。

問い：（題名を指差しながら）何て書いてある？

答え：めんどり。

問い：オスはおんどり、めんどりはメスだね。このめんどりは何を持ってる？

答え：じょうろと……。

問い：（絵を指差しながら）くわやすきだね。何をする道具？

答え：土をほったり、水をあげたりする道具。

問い：にわとりはそんなことするかな？

答え：しない。

問い：じゃあ、このめんどりはどんなめんどりだろう？　読んでみよう！

2 1ページめくり中とびらを見せながら問いを出します

問い：めんどりは何をしてる？

答え：洗濯物を干している。

3 絵を見せたり、音読をしながら言葉がけや問いを出します

問い：（家とポスト絵を指差しながら）こんな家に住んでみたい？　この家のポストを見
　　　てごらん。

　　　この家にはどんな動物が住んでいる？　ねこと……。

答え：いぬ……。

問い：それから？

　　　ねこといぬとねずみとめんどりが小さな家に住んでいた

問い：働いているのは？

答え：めんどり。

問い：みんなの家ではだれが働く？

答え：お母さん。

問い：お父さんは？

　　　みんなは働かないの？

　　　みんなはどんなお手伝いを

　　　したことがある？

📖　ねこはソファでごろごろ

問い：ねこは何の夢を見ている？

答え：お魚のかんづめの夢。

📖　いぬはうとうと

問い：いぬは何の夢を見ている？

ねこ

📖　ねずみはぐうぐう

問い：ねずみは何の夢を見ている？

いぬ

📖　うちの仕事はおとなしいめんどりがする

問い：どうしてほかの動物はうちの仕事をしないんだろう？

答え：めんどくさいから。

問い：みんなはお手伝いする？

答え：あまりしない。

問い：お母さんがかわいそうじゃない？

答え：少し。

問い：どんなお手伝いをしたことがある？

ねずみ

📖　めんどりは小麦のたねを見つけて「だれか、まいてくれる？」と聞いた

問い：だれか手伝うかな？

答え：手伝わない。

📖　みんなが「嫌だね」と言った

問い：めんどりはどうするかな？

答え：一人でまく。

📖　めんどりは毎朝、水をやって育てたら大きくなった
　　　小麦が実ると「だれかかりとってくれる？」と聞いた

問い：何て答えるかな？

答え：「やだよ」

📖　みんな嫌だと言うのでめんどりは一人でかった

小麦を粉屋でひいてもらってくれないかと、めんどりが頼んでも
　　みんな「嫌だ」
　　めんどりがやった
　　粉でおかしを焼いてくれる？ と聞いても
　　みんな「嫌だ」

問い：どう思う？　みんなもそうかな？

答え：ぼくだったらやるよ。

問い：最近、どんなお手伝いをした？

答え：……。

問い：じゃ、みんなもねこやいぬやねずみと同じかな？

📖　めんどりがケーキを焼きはじめると
　　おいしそうなにおいがいっぱい
　　ねこは起き上がってふらふらと……

問い：どうするかな？

答え：ケーキを食べに行く。

📖　いぬもねずみも起き上がって台所へ
　　めんどりが「このおかし食べる？」というと
　　みんな「食べる、食べる、食べる」……

4　この作品の主題である「働かない動物たち」について考えさせます

問い：さあ、めんどりは、みんなにケーキをあげるかな？

答えＡ：あげない。

問い：どうして？

答えＡ：働かなかったから。

問い：あなたはどう思う？

答えＢ：あげる。

問い：どうして？

答えＢ：かわいそうだから。

問い：さあ、どうなるだろう？

めんどりは、ひとりで働いたから、ひとりで食べると言った
そしてみんなひとりで食べてしまった
それからというもの……

問い：**それからどうなったと思う？**

答え：**みんなよく働くようになった。**

問い：**みんなはこれからお手伝いをしますか？**

答え：**する。**

問い：**どうして？（理由を聞く）**

答え：**おかしが食べたいから。**

問い：**じゃ、どんなお手伝いがしたい？**

めんどりのようにお母さん一人で家の仕事をするのは大変なこと、お手伝いはとても大事なことを、お説教にならないように楽しく語り合いながらわかっていかれるようにしてあげてください。

＼子どもへのサポートのコツ／

　日本人は「理由を言う」のが苦手です。しかし、小さいときから練習すると大人よりははるかによく理由が言えるようになります。

　まず、簡単な質問で、「なぜなら」などの文型を教えることからはじめましょう。

　　問い：どんな食べ物が好き？

　　答え：カレーライス。

　　問い：どうして？（答えられなかったら選択肢を与える）

　　問い：からいから？　お肉が好きだから？

　　答え：お肉が好きだから。

　　問い：じゃ、理由をつけて答えてみようか。「お肉が好きだからカレーライスが好きです」。はい、言ってごらん。

　答え：お肉が好きだからカレーライスが好きです。

　はじめはお手本を示し、まねをさせます。数回やっているうちに一人で言えるようになります。

クッキー（『ふたりはいっしょ』所収）

あらすじ

がまくんがクッキーをつくりました　クッキーを食べすぎるのでいろいろな工夫をしました。がまくんは食べすぎをやめることができるでしょうか？

アーノルド・ローベル 作　三木 卓 訳
出版社 文化出版局　出版年 1972 年

食べすぎをやめられないがまくんの姿を想像することで、どうしたら食べすぎや遊びすぎなどの欲望を抑えられるか、話し合いながら考えます。そこから、節度のあるバランスのとれた生活が大切なことを理解させます。

読書メソッドの進め方

1 音読をしながら言葉がけや問いを出します

📖 がまくんが　クッキーをつくりました
　おいしくて　たくさん食べました

問い：みんなもそんなことある？　何を食べすぎたの？

自由に楽しく話させます。
すぐにいいとか悪いとか、評価や批判をしてはいけません。

 どうしても止まりません
　　かえるくんが「ぼくたちには　いしりょくがいるよ」と言いました

問い：みんなは意思力がある？　意思力がいると思ったことはない？
答え：ない。
問い：やらなければいけないのにできないことない？
　　　勉強とか、宿題とか、お手伝いとか、早起きとか……。

 例をあげて、自由に話させます。こんなことを言ったら叱られると思う子が多いの
で、どんな発言でも大人のおおらかな、受け入れる態度が大切です。

📖　かえるくんは、クッキーを箱に入れてひもでしばりました
　　箱を高いところにあげましたが、それでもおろして食べてしまいます

問い：なぜ食べすぎちゃいけないの？　どうしたら食べなくなると思う？

📖　クッキーをぜんぶ鳥にあげてしまいました
　　もうクッキーは一つもありません
　　すると、がまくんはうちに帰って　またおかしをつくることにしました

2 自分の問題として、どうしたら意思力がつくか考えさせます

👆 「あなたの一番好きなお菓子は何ですか？」
などが一番答えやすい問いです。
次に理由を聞きます。
「どうしたら、お菓子を食べすぎない意思力をつけられる？」
慣れたらだんだんと質問のレベルを上げます。
「どうしたらゲームをやりすぎないようにできる？」

などは難しい問いですが、慣れてくるとヒントを与えれば答えられるようになります。子どもに合わせて、子どもが答えやすい問いを考えましょう。そして、毎時間一文でも二文でも「答え」と「理由」を書かせましょう。

書けるようになるまでは、口頭で答えさせます。

＼ 子どもへのサポートのコツ ／

　自分でどうしたらよいかが書けない子には、身近な問題について書かせましょう。自分の思いや意見を書くということは、とても難しいことです。くり返しお伝えしますが、「教師が書かせたい問い」ではなく、「子どもが答えやすい」「答えたくなる」ような問いを与えましょう。

　例えば、「どうしたらゲームをやりすぎないようにできる？」というのは大変難しい問いです。代りに、「あなたの好きなゲームは何？」なら簡単に答えられるでしょう。

　しかし、それだけでは文章を書いたことになりません。

　例えば、子どもが「スーパーマリオ」と答えたら、「どこがおもしろいの？」と聞きます。

　それでも答えられなかったら「マリオがかわいいから？　クリアできると楽しいから？」のように答えの選択肢を与えて選ばせ、理由と一緒に答えさせるのです。

じてんしゃにのる ひとまねこざる

あらすじ

おさるのジョージは、仕事を頼まれても途中でほうり出して遊んでしまいます。そのうち、サーカスに入ることになりました。ジョージはちゃんと仕事ができるでしょうか？

H. A. レイ 文・絵 　光吉夏弥 訳
出版社 岩波書店 　出版年 1998 年

いたずらばかりするけれど、みんなから愛されているジョージの姿を自分と重ね合わせ、自分の失敗を振り返るとともに、どうしたらいたずらや迷惑なことをやめ、自分らしさを生かし人の役に立つことができるかを自分の問題として考えさせます。

読書メソッドの進め方

1 音読をしながら言葉がけや問いを出します

📖 きいろいぼうしのおじさんは、おさるのジョージを
　　大きな箱の前につれて行きました

問い：箱の中には何が入っているだろう？

なかなか答えは出ませんから答えの例をあげて選ばせます。

問い：食べ物？　動物？　自転車？
答え：動物！
問い：サルかな？　蛇かな？
　　　ライオンかな？
答え：ライオン！

 子どもが答えられない場合は、答えの例をいくつか出します。答えは当たっていなくても「違う」などと否定しません。否定や批判をすると発言の意欲をなくしてしまいます。

📖　自転車が出てきました
　　ジョージは自転車がほしくてたまらなかったのです

問い：みんなもほしいものがある？

 自由に答えさせます。

📖　ジョージは新聞配達を手伝いましたが
　　途中で川が気になって新聞配達をやめました

問い：みんなも、頼まれたことを途中でやめることはある？
答え：ある。
問い：そうしたら、それはだれがやるのかな？

 子どもが道徳的によくないことを言っても、決してお説教しないで自分で考えさせましょう。

そしたら　みんな
困らないかな？

ジョージみたいに
やりたい

📖　ジョージは川の船がほしくなって
　　新聞を折って　船をつくってしまいました

問い：これはいいことなの？
答え：いいこと。
問い：どうして？
答え：楽しいから。
問い：楽しければ何をやってもいいの？

この絵本の意図は、ジョージがすることを批判的に考えさせることにあります。ですからお説教はしないで、子ども自身で考えさせるようにします。
非常に難しいことですが、頭ごなしにお説教をすると意見を言わなくなります。

2　自分ができることを実践し、自信につなげます

問い：船の折り紙のつくり方が書いてあるね。
　　　みんなでつくってみよう。

折り紙の船をつくろう

この絵本に書いてある通りに新聞紙でつくってみます。
　実際につくってみることで、本の楽しさが倍増するでしょう。うまくつくれなかったら簡単な船らしいものでもいいし、水に浮かばなくてもいいのです。時間がなければ省略してく

ださい。

① 上のりょうほうの
　かどをおりまげて

② 下のへりを
　うえにおりまげて

③ りょうはしを
　あわせて

④ しかくにたたみ

⑤ 下のかどを、上の
　かどにあわせて

⑥ うらもおなじように
　さんかくにたたみ

⑦ りょうはしを
　あわせて

⑧ しかくにたたみ

⑨ それからそっと上のはしを
　右と左にひっぱると

⑩ ぱっとひらいてふねができあがり！

📖　自転車が　石にぶつかって　ほうりだされ　タイヤがパンクしました

問い：ジョージはどうするかな？

答え：???

問い：自転車を自分でなおす？　歩いて帰る？　かついで帰る？　だれかに助けてもらう？

📖　うしろの車だけでも　運転できることに　気づき　こいで帰りました

　ここから終わりまで音読します。

3 作品がおもしろかったかどうか率直な感想を聞きます

問い：このお話はおもしろかった？

　　　どこが一番おもしろかった？

 この問いが答えられない子がいますから、教師が絵本の中から何カ所か選んで、「ここ？　ここかな？」のように聞いていきます。

問い：みんなはどんないたずらをしたことがある？

　　　今一番やりたいいたずらは？

　　　どんな遊びがやりたい？

 このように答えやすい問いで子どもにたくさん発言させます。

＼ 子どもへのサポートのコツ ／

　集中力のない子には、集中できるようなおもしろい本を与えましょう。

　この「ひとまねこざる」シリーズは子どもが共感したり感情移入できるような主人公が出てきますから、子どもの多くはとても楽しめます。

　子どもが楽しめるという基準を最優先にして選書してください。そのうちに本を読む集中力がつき、だんだん高度な本が読めるようになります。

アベコベさん

あらすじ

アベコベさんの家では何もかもがアベコベです。となりのおばさんからルーシーを預かるように頼まれました。みんなはうまくやれるでしょうか？

フランセスカ・サイモン 文　ケレン・ラドロー 絵
青山 南 訳
出版社 文化出版局　出版年 1997 年

奇想天外でルール違反のことばかりする家族の話を楽しんで読みながら、人に迷惑をかけるとなぜいけないか、どうしたら人の迷惑にならないか、批判的に考えさせて、ルールや常識の大切さを学ばせます。

読書メソッドの進め方

1 音読をしながら言葉がけや問いを出します

📖　アベコベさんの家では　何もかもアベコベです
　　真夜中に起きて、食べ物は投げてわたします

問い：こんなことしたら、**お母さんは何ていう？**
答え：**怒る。**
問い：一度やってみたい？
答え：うん！

問い：でもやっていいことかな？　お話を読みながら考えていこう。

 奇想天外な話ですがルールはきちんと教えましょう。

📖 学校では子どもが親に教え、テレビは逆立ちして見ます

問い：おもしろいですか？
答え：おもしろい。

📖 おとなりのプラムさんがお出かけだからルーシーを預かってほしいと言います
プラムさんの家は片付いているのでアベコベさんの家の人たちはめちゃくちゃ
にしました

問い：これはやっていいこと？
答え：いけない。
問い：やってみたい？
答え：うん。
問い：本当にやったらどうなるかな？
答え：怒られる。
問い：やってしまう前に、やってはいけないことか考えようね。

 これは、やってはいけないことを批判的に考えさせる作品です。
だから子どもに、やっていいことかいけないことかを考えさせながら読みましょう。
ただし、お説教をしてはいけません。自分で考えさせましょう。

📖 ルーシーが壁に落書きするとお母さんが「すてき」とほめます

問い：落書きはやっていいこと？
答え：いけない。
問い：落書きしたことある？
答え：ある……。

この本を読む目的はお説教をすることではありません。悪いと思ってやったことでも、正直に話させましょう。正直に話したら「よく話したね」とほめます。

📖 どろぼうが窓から入ってきます

問い：みんなはどうするかな？

答え：つかまえる。

問い：でもアベコベさんはアベコベだから、つかまえるの反対だね。
　　　手をたたく？　お迎えする？　あくしゅする？　ほめる？

答え：あくしゅする。

📖 お出かけから帰ったプラムさんは、めちゃくちゃになったキッチンを見てひっくり返ります
　　「世の中にはいろんな人がいるんだ」とお父さん

問い：みんなの町にはどんな人がいるかな？
　　　赤ちゃん、おじいさん、おまわりさん、それから？

答え：おばあさん、コンビニの人。

問い：おもしろい人はいるかな？

答え：うん、うちの赤ちゃん、おもしろいよ。

 世の中にはいろんな人がいることに目を向けさせます。

2 一通り読んだ後、登場人物の持ち物に注目させるゲームをします

持ち物あてゲーム

　外国の絵本の中には挿絵がおもしろいものが多くあります。文字を読むだけでなく、挿絵のおもしろさにも注目させ、読書の楽しみを体験します。

　登場人物が持っているバッグやコートや楽器などを絵に描いて、読み終わった後にその持

ち物の絵だけを子どもに見せて、だれの持
ち物かをあてるゲームです。
　絵本の挿絵をよく見るようになり、物語
への理解も深まります。

①絵本の登場人物の持ち物を画用紙1枚
　に一つずつ描きます（61〜65ページ
　を拡大コピーして使ってもかまいませ
　ん）。全部で10枚から15枚くらいが
　適当です。
②例えば、どろぼうが持っていたふくろの
　絵を見せ、「これはだれの持ち物？」と
　聞きます。
③答えられなくても教えないで、次に進み
　ます。
④全部質問し終わったら、絵本を見せなが
　ら答え合わせをします。
⑤遊びなので、テストのような雰囲気でや
　らないようにしましょう。

だれの　持ち物かな？

ハーイ！
ルーシー

ちがうよ

＼子どもへのサポートのコツ／

　持ち物あてゲームはけんかにならないように、仲よく話し合わせましょう。
　それには、「仲よく話し合おうね」と根気よく教えます。怒ってはいけません。
　危険なことをしたときなど、厳しく教えなければいけないこともあります。そのと
きは、「そういうことはやったらだめだよ。今度からやめようね」と感情をおさえて話
しましょう。

コート

ジャム

シンバル

ガウン

ケーキ

パジャマ

クリーム

しんぶん

ソーセージ

チェロ

トランペット

トマト

マスク

バイオリン

ハンドバッグ

フォーク

エプロン

じどうしゃ

めがね

めざましどけい

ウルスリのすず

あらすじ

あしたは、鈴行列のお祭りの日なのですが、ウルスリは小さいので小さな鈴しかもらえません。でも、山奥の小屋に大きな鈴があるのを思い出しました。ウルスリはどうしたでしょう？

ゼリーナ・ヘンツ 文　アロイス・カリジェ 絵
大塚 勇三 訳
出版社 岩波書店　出版年 2018 年

ねらい

小さくて悲しい思いをしたウルスリが、努力して大きな鈴を手に入れた話を通して、今、劣等感を持っていたり仲間はずれにされたりしている子どもでも、初めからあきらめずにチャレンジすることの大切さを学ばせます。

読書メソッドの進め方

1 音読をしながら言葉がけや問いを出します

📖 ウルスリはよく働きます

問い：みんなはどんなお手伝いをしたことがある？
　　　洗濯は？　洗い物は？　食器は片づける？

📖 あしたは鈴行列のお祭りなのですが、ウルスリは小さいので小さな鈴しかもらえません

問い：みんなだったらどう思う？
答え：悲しい。
問い：そういうことで悲しかったことはある？

発言が出ない場合は、逆に身近な楽しい思い出について聞きます。

問い：何かもらってうれしかったことはある？

📖 ウルスリは、何とかしたいと思ってもどうしたらいいかわかりません

問い：みんなだったらどうする？
答え：大きいのを買ってもらう。

📖 ウルスリは、夏の山小屋に大きな鈴があったのを思い出しました

問い：みんなならどうする？
答え：取りに行く。

📖 ウルスリは取りに行きました

問い：つりばしを渡ってるね。ところどころこわれてるよ。みんなはこれでも渡る？
答え：こわいから渡らない。
問い：じゃあ、鈴はいらないの？
答え：やっぱりほしいから渡る。

📖 雪の中を歩くと膝までうまり、足のねもとまでうまって泣きたくなりました

問い：もうやめて家に帰ったほうがいいんじゃないの？　みんならどうする？
答え：やめて帰る。
問い：じゃあ、大きな鈴はいらないの？

 こういう状態を板ばさみ（ジレンマ）と言います。どちらを選んだらいいか迷うことです。

📖 大きな鈴を見つけたけれどウルスリは疲れて山小屋で寝てしまいます

問い：お父さんやお母さんはどうなると思う？

 お父さんやお母さんの子どもに対する愛情を考えさせてみましょう。

答え：心配する。

問い：心配になったらどうする？

答え：さがしに来る。

問い：見つかるかな？

📖 お父さんとお母さんは探してもみつからず、夜も寝られません

問い：これから、どうなるかな？ ウルスリは帰って来れる？ 帰ったらお父さんは怒る
　　　かな。

📖 うちに着くとお母さんはウルスリを抱きしめました

問い：みんなのお母さんだったらどうする？
　　　なぜ、ウルスリのお母さんは怒らないんだろう？
　　　ウルスリが一生懸命なことを知っていたから？
　　　ウルスリのしたことはいいことかな？
　　　親に心配をかけてもいい子なのかな？

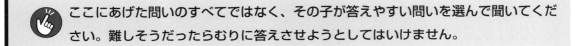 ここにあげた問いのすべてではなく、その子が答えやすい問いを選んで聞いてください。難しそうだったらむりに答えさせようとしてはいけません。

📖 鈴の行列が始まり、ウルスリは一番大きな鈴を持っています
　　お父さんお母さんとケーキを食べました
　　お父さんもお母さんもうれしそうです

2 ほしい物を手に入れるにはどうしたらいいか、自分の問題として考えさせます

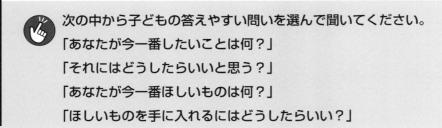 次の中から子どもの答えやすい問いを選んで聞いてください。
「あなたが今一番したいことは何？」
「それにはどうしたらいいと思う？」
「あなたが今一番ほしいものは何？」
「ほしいものを手に入れるにはどうしたらいい？」

ミロとまほうのいし

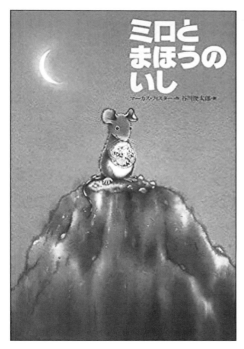

あらすじ

ミロはきらきら光る石を見つけました。年よりのバルタザールは、石は島のものだからお返しをしなさいと言いました。

この本には2つの終わり方があります。幸せな終わり方は、みんなが石に絵をほって島にお返しするお話。悲しい終わり方は、お返しをしないで争って石をうばいあうお話。それぞれどうなるでしょうか？

出版社 **講談社**　出版年 **1998年**

マーカス・フィスター 作　**谷川俊太郎** 訳

感謝する心を忘れて欲望に負けて争うことによる悲劇と、欲望を抑えて感謝を態度に表すことによる幸福の違いを読むことで、①欲望に負けない、②争わない、③幸運に感謝して態度や行動に表すことの大切さを学ばせます。それによって、自分に嫌なことがあったときやいいことがあったときの原因を考え、自分がどうしたらいいかを考える力を育てます。

読書メソッドの進め方

1 本の表紙を見せながら問いを出します

問い：ねずみがキラキラ光るものを持ってるね。絵をよく見てごらん。何だろう？

答え：金の石。

問い：ほしい？

海の真ん中の島に、ミロと仲間のねずみたちが住んでいた

問い：島に行ったことある？　行ってみたい？

 ある日、ミロは光る石を見つけた
みんなは石をほしがった
年よりのバルタザールが言った
石は島のものだ。島のものを取ったら、お返しをしなければならん

👆 ここで、話は「幸せな終わり」と「悲しい終わり」にわかれます。

問い：幸せな終わりがいい人は手をあげて。それはどうして？
悲しい終わりがいい人は手をあげて。それはどうして？
幸せな終わりはどんな終わり方だと思う？
みんなお金持ちになるとか？　大きな家を建てるとか？
悲しい終わりはどうなると思う？　島が沈むとか？　神様に怒られるとか？

👆 「幸せな終わり」と「悲しい終わり」をそれぞれ音読します。

〈しあわせなおわり〉

📖　ミロたちは光る石のお返しに、石にもようをきざんで、かわりにおいた

　　　それから光る石のおかげで、明るくあたたかくすごした

〈かなしいおわり〉

📖　ミロのほかのねずみたちは、争って光る石をとり

　　　バルタザールの言うことを聞かなかった

　　　島はとつぜんくずれて、みんな海の底に沈んでしまった

3　作品の一番大切なところを理解する問いを出します

問い：もう一度聞くね？

　　　どちらの終わり方がいい？

　　　どうして幸せな終わりになったの？

　　　どうして悲しい終わりになったの？

話を覚えていなければ、前に戻り「バルタザールの言うことをきちんと守ってお返しをしたから幸せになった」という原因と結果の関係を自分で言えるようにします。

悲しい終わり方になった原因と結果も同じように理解させましょう。

なるべく自分で答えが出せるように、子どものレベルや性格に応じて最小限の手助けをし、自分で答えを出す達成感を味わわせましょう。

＼ 子どもへのサポートのコツ ／

　原因と結果の関係を考えさせるには、成功と失敗の原因がよくわかる本で考えさせるといいでしょう。

　「嫌なことを言ったから暴力を振るわれた」「いじめられたからいじめ返した」「急いだから給食をひっくり返した」のような因果関係がわかれば、子ども同士のトラブルの解決につながることがあります。

　この物語のように「欲張ったから不幸になった」のように因果関係のはっきりした物語を楽しんで、原因と結果の関係を理解させましょう。

　教師が図に描いて見せると理解しやすいでしょう。もちろん、発達のレベルに応じて、本の難易度を工夫してください。

あのときすきになったよ

あらすじ

「わたし」はしっこさんと仲が悪かったのですが、いろいろなことがあってからしっこさんのことが好きになりました。いったい、いつ好きになったのでしょう?

出版社 **教育画劇** 出版年 **1998 年**
薫くみこ さく　飯野和好 え

仲が悪かったわたしとしっこさんが、協力し合うことによって、だんだんに仲がよくなっていく話を通して、①友情の大切さ、②思いやりの大切さ、③感謝することの大切さを学ばせます。

読書メソッドの進め方

1　本の表紙を見せながら問いを出します

問い：どんなお話だと思う?

二人はどういう関係かな?　きょうだい?　友だち?

（題名を指差して）あのとき何を好きになったんだろう?　友だち?　勉強?　遊び?

② 音読をしながら言葉がけや問いを出します

📖 わたしのうしろにしっこさんがいる
　おしっこばかりしているからだ

問い：（絵を見せながら）これはどこ？　わたしはどこにいるの？　しっこさんはどこに
　　　いる？
　　　何の時間かな？

📖 しっこさんは、ぶらんこにむりやり座ってきた

問い：どうしてわりこんできたの？　わがままだから？　ぶらんこが好きだから？
問い：みんなはぶらんこは好き？
　　　いつどこでやった？
　　　だれとやった？
　　　けんかにならなかった？

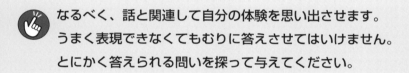
なるべく、話と関連して自分の体験を思い出させます。
うまく表現できなくてもむりに答えさせてはいけません。
とにかく答えられる問いを探って与えてください。

問い：みんなはこんないじわるをしたことある？　されたことある？
答え：ある。
問い：そのときは、どういう気持ちでだった？

📖 しっこさんに腹が立って、悪口があばれまわった

問い：こんな気持ちになったことはある？
　　　いつ、だれに？
　　　それでどうなった？

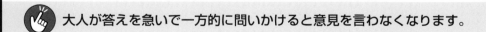
大人が答えを急いで一方的に問いかけると意見を言わなくなります。

📖 しっこさんと保健室でいっしょになって胸がどきっとした
　まことがきんぎょを死なせたとき、しっこさんが怒ったのでわたしは感心した

問い：「わたし」は、しっこさんに怒っていたのに　気持ちが変わってきたね。
　　　どうして変わったんだろう？

📖　しっこさんときんぎょのおはかをつくってふたりで笑った

問い：今、「わたし」はしっこさんに怒っている？
答え：怒ってない。
問い：どうして気持ちが変わったのだろう？

📖　うちに帰ってもしっこさんの声が聞こえた
　　熱がでた

問い：どうしてだと思う？
　　　「わたし」は、今、しっこさんにどんな気持ちを持っている？
答え：好きな気持ち。
問い：どうして好きになったのだろう？
　　　いつから好きになったのだろう？

📖　わたしはおしっこをもらしてしまった
　　しっこさんはかびんの水を流してかくしてくれた

問い：しっこさんは本当はどういう人だと思う？
　　　「わたし」はしっこさんにどうするかな？
　　　あやまる？　あやまらない？

3　物語の順序を並び替えさせて、物語の時系列を理解させます

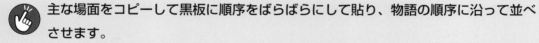
主な場面をコピーして黒板に順序をばらばらにして貼り、物語の順序に沿って並べ
させます。
覚えていない子どものために、もう一度前に戻って一緒に物語の展開を確認しま
しょう。場面を並べ替えできなかったら、手伝って完成させます。

 次に、もう一度本の表紙を見せてから、主題に注目させます。

問い：どんな題名だった？
答え：『あのときすきになったよ』

 今度は、「わたし」がしっこさんに近づき始めた
次のＡ〜Ｄの４つの場面を並べ、それぞれの
場面の説明をします。

A 保健室でしっこさんと
出くわす場面

B しっこさんと金魚の
お墓をつくる場面

C おふろに入ってしっ
こさんの声が聞こえ
る場面

D しっこさんが花びんを
さかさまにする場面

問い：この4つの場面の中で、一番しっこさんを好きになった場面はどれだと思う？

 この物語は、主人公がしっこさんを段階的に好きになっていくので、この4つの
場面のどこで「好きになったか」は断定できないのです。
だから、子どもがどう答えても「いいね」と答えて認めてあげましょう。
このように複数の正解がある問いが、いい問いなのです。

＼ 子どもへのサポートのコツ ／

　自分の感情の変化についても考えさせてみましょう。

　例えば、「今までで好きな友だちはいた？」のように聞きます。

　「いた」と答えたら、「いつから仲よくなったの？」「どうして好きになったの？」と
聞いていきます。自分の友人について答えられなかったら、テレビドラマやゲームの
キャラクターでもいいでしょう。

　自由に気楽に話せるように、答えやすい問いを出しましょう。

　好きな友だちやものを答えるのが難しい場合は「どんなときうれしい？」「どんな
とき悲しい？」「悲しいとき、どうしたら悲しくなくなった？」「どんなとき腹が立った？」
「そのときどうした？」のように、より簡単に答えられる問いで、自分の感情について
話をさせてみましょう。自分の感情をコントロールする練習にもなります。

ガンピーさんのふなあそび

あらすじ

ガンピーさんの船に、子どもたちや動物たちが乗りたがります。ガンピーさんは「しずかにしていたらね」と約束して乗せます。みんなは約束が守れるでしょうか？

出版社 **ほるぷ出版** 出版年 **1976年**
ジョン・バーニンガム さく みつよし なつや やく

ねらい 約束が守れない自分勝手な動物や子どもたちの行動と、それに対する周囲の反応を予測させることで、ルールを守ることの大切さを考えさせます。また、決して怒らないガンピーさんの優しさから、争いや暴力が問題解決に結びつかないことや思いやりの大切さを学ばせます。

読書メソッドの進め方

1 本の表紙を見せながら問いを出します

問い：これは何の絵だろう？

　　　どこかな？　海？　川？

　　　人間が何人？　動物が何匹？　どんな動物がいる？

　　　これからどこに行って何をするんだろう？

問い：ガンピーさんは何を持っているんだろう？

　　　今何をしているのだろう？

　　　何をはいている？

📖 ガンピーさんは船をもっていました

問い：こんな船に乗ってみたい？　船に乗ったことはある？

📖 子どもたちが船で「いっしょに連れてって」と言いました
　　連れてってと言うと「けんかしなけりゃね」と言いました

問い：子どもたちは約束を守るかな？

📖 うさぎも連れてってと
　　「いいとも、あばれなければね」とガンピーさん

問い：うさぎは約束を守るかな？
答え：守る！
問い：どうして？
答え：叱られたくないから。

📖 ねこも、いぬも、ぶたも、ひつじも、にわとりも、こうしも、やぎも
　　乗せてくれと言いますが、ガンピーさんは
　　「静かにしてあばれなければ乗せてあげる」と言いました

問い：ガンピーさんはどうしてこんな注意をしたんだろう？　もしあばれたら……？
答え：ふねがひっくりかえるから！
問い：みんな約束を守るかな？　守ると思う人、それはどうして？
　　　守らないと思う人、それはどうして？

📖 しばらく川をくだると
　　みんなけんかをはじめ　船がひっくり返って

問い：どうなると思う？
答え：みんなおぼれる！
問い：それから？　岸に上がる？　泳いで楽しむ？　魚をつかまえる？
答え：魚をとる！
問い：どんな魚がとれるかな？
答え：さば、さんま……。
問い：それは川の魚かな？　川の魚だと、こい？　ふな？

答え：わからない。

 作品や絵に関連する問いを出しましょう。ただし、ここでの注意点は突き詰めすぎないことです。子どもが考えて発言できれば、正誤は関係ないのです。

📖 みんな川に落ちた

📖 およいでどてにあがった

問い：ガンピーさんは子どもや動物たちのことを怒るかな？
答え：怒る！
問い：何と言って？
答え：約束は守りなさい。
問い：みんなのお父さんだったら何て言う？
答え：どうして約束が守れないの？
問い：担任の先生だったら何て言う？
答え：もう川遊びはしません！

📖 体をかわかしたらガンピーさんは
「そろそろお茶の時間だ」と言いました

問い：どうしてガンピーさんは怒らなかったの？
答え：やさしいから。
問い：こんなお父さんや先生がほしい？
答え：ほしい!!

📖 みんなで楽しくお茶を飲み
ガンピーさんは「また乗りにおいでよ」と言いました

3 作品の主題を自分の問題として考えさせます

問い：みんなが悪いことをしたときに、親や先生は怒ったほうがいい？
　　　怒らないほうがいい？

優しいことが第一ではなく、怒らないと何度でも悪いことをするという考え方もあります。

でも、子どもたちは怒られると親や先生をうらみ、見ていないところで悪いことをします。

そんなことを補足しながら子どもたちに考えさせましょう。

この絵本の子どもや動物たちは「悪いことをして十分ひどい目にあった」から、怒られなくても十分反省し学習しているのです。

＼ 子どもへのサポートのコツ ／

　これから起きることを予測させるには、くり返しが多い話を読みます。この作品も次々と動物が船に乗ってきます。容易に次の展開が予測できます。

　子どもはくり返しが大好きです。じつは歌謡曲や、管弦楽もくり返しから成り立っています。次にどうなるか予測できるから安心して楽しんでいられるのです。サプライズの連続だったら心は休まりません。

　くり返しが多い物語で、次に何が来るかを予測させ達成感を味わわせてあげましょう。予測ができたら上手にほめることを忘れないようにしましょう。

15 | 見たことや聞いたことを記憶する

中国の民話 王さまと九人のきょうだい

中国の民話
王さまと九人のきょうだい
君島久子訳　赤羽末吉絵

あらすじ

昔、いじわるな王様がいましたが、9人のきょうだいが力を合わせて王様と戦いました。きょうだいは王様に勝てるでしょうか？

君島 久子 訳　赤羽 末吉 絵
出版社 岩波書店　出版年 1969 年

話の筋や登場人物を記憶しながら読書を楽しむ方法を身につけます。
読書を通して集中力や記憶力を高めます。

読書メソッドの進め方

1　本の表紙を見せながら問いを出します

問い：（絵を指差しながら）どんな人たちだと思う？　どこの国の人たちだろう？
（題名を指差しながら）ここに「中国の民話」と書いてあるね。男の子は何人いる？
みんな同じかな？　どこが違うところはあるかな？

　📖　大昔、年よりの夫婦が子どもをほしがっていました
　　　池の中から老人が現れて子どもができる薬をくれました

問い：子どもは生まれると思う？
問い：子どもが生まれる薬はあるかな？
答え：ないよ。
問い：そうだね、よく知っているね。

　少しでも知っていたらほめてあげましょう。

　📖　そのうち九人の子どもが生まれました
　　　子どもの名前は
　　　ちからもち
　　　くいしんぼう
　　　はらいっぱい
　　　ぶってくれ
　　　ながすね
　　　さむがりや
　　　あつがりや
　　　切ってくれ
　　　みずくぐり

　　　そのころ都では大きな柱がたおれて
　　　持ち上げてなおす人を探していました

問い：だれがなおすと思う？
答え：ちからもち。

　📖　「ちからもち」が宮殿に着いて柱を持ち上げました

問い：ごほうびはもらえたかな？
答え：うん。
問い：どんな？

答え：食べ物だと思う。

📖 王さまは、ごはんをたくさんたいて「食べられたらほうびをやる。食べられなかったらろうやにぶちこむ」と言いました

問い：今度はだれが行くかな？
答え：わからない。
問い：よくきょうだいの名前を見よう。
答え：くいしんぼう。

📖 そこで「くいしんぼう」が食べに行きました
　　九人は顔も姿もそっくりでした
　　くいしんぼうはみんな食べました
　　王さまは、ちからもちのおおぐらいがこわくなりました

問い：どうしてこわくなったの？
　　　ちからもちとおおぐらいは、同じ人だと思っているの？
答え：同じ人だと思っている。
問い：だから、こわくなったんだね。

📖 そこで飢え死にさせることにしました

問い：今度はどうなると思う？
答え：別のきょうだいが行く。
問い：今度はだれが行く？
　　　きょうだいの名前を見てみよう。
答え：はらいっぱい。

📖 今度は「はらいっぱい」が行ったので飢え死にしません
　　王さまは打ち殺すことにしました

問い：今度はだれが行くと思う？
答え：ぶってくれ。

📖 「ぶってくれ」は平気です
　　王さまは、今度は「たにそこへつきおとせ」と命令します

問い：今度はだれが行くかな？　「ながすね」とは足が長いと言うことだよ。
答え：じゃあ、ながすね。

問い：どうなるかな？

答え：長い足で立つ。

 「ながすね」の足がのびて谷底に届きました
　　王さまは、こわくなって

問い：次はどうするかな？

答え：わからない。

問い：焼き殺す？　川につき落とす？　鳥に食べさせる？

答え：川につき落とす。

子どもの回答が物語と食い違っていても気にせずに先に進ませます。
正しいか間違っているかが問題ではなく、「自分で考えることが大切」なことをわ
からせましょう。

 王さまは焼き殺すことにしました

問い：今度はだれが出て来るかな？　まだ残っているきょうだいは？
　　　さむがりや。
　　　あつがりや。
　　　きってくれ。
　　　みずくぐり。
　　　このなかでだれが出てくるかな？
　　　火に強いのは？

答えＡ：あつがりや！

答えＢ：それじゃ、逆にやられちゃうよ。

できれば子ども同士で発言させて、答えを導き出しましょう。

火の中に「さむがりや」をぶちこんでも笑っています
　　王さまは雪の山で凍えさせることにしました

問い：今度はだれが出てくるかな？
　　　あつがりや？
　　　きってくれ？
　　　みずくぐり？

答え：あつがりや！

📖 雪にうずめても「あつがりや」は笑っています
　　今度は切り刻むことにしました

問い：今度はだれかな？
答え：切ってくれ！

📖 「切ってくれ」は切れないので今度は川にほうりこみました

問い：今度はだれかな？
答え：水くぐり！

📖 すいすいと泳いで　水をふきかけたので
　　王さまも宮殿も波にに　飲まれました
　　こうしてきょうだいは王さまに勝ちました

問い：村の人たちはどうなった？　幸せ？　不幸せ？
答え：幸せ！
問い：どうして幸せになったのだろう。
答え：いじわるな王さまがいなくなったから。
問い：そうだね。そして、きょうだいはみんな自分の得意なことをやれたね。
　　　みんなの得意なことは何だろう？
　　　だれでも得意なことはあるんだよ。
　　　何もないように見える人でも「自慢しない」ということが得意なんだね。

3　登場人物の名前のリストをつくって記憶のトレーニングをします

 きょうだいが王様のいじわるをどうやって乗り越えるかを考えながら、きょうだい
の名前を覚えましょう。

問い：柱が倒れたときに持ち上げたのはだれ？
　　　大めしを食べたのはだれ？
　　　ごはんを食べなくても飢え死にしなかったのはだれ？

問いを出しながらまずは黒板に表をつくり、名前を書き込んでいきます。

なまえ	できること	やったこと
ちからもち	おもいものをもちあげる	きゅうでんのはしらをもちあげた
くいしんぼう		
はらいっぱい		
ぶってくれ		
ながすね		
さむがりや		
あつがりや		
切ってくれ		
みずくぐり		

 次に、きょうだいができること、やったことを書き込みます。

問い：ちからもちは何ができるの？

答え：おもいものをもちあげる。

問い：どんなことをやった？

答え：きゅうでんのはしらをもちあげた。

 これをくり返します。

　　見たことや聞いたことを記憶するには、登場人物の特徴がはっきりした本を与えます。この作品の9人のきょうだいは、全員の性格が全く違いますから覚えやすいでしょう。

名前を覚えられない場合は、子どもに合わせて工夫することが大切です。

　　①あらかじめ9人の名前を書いたカードを与え、それぞれの人物の特徴を言わせる。

　　②物語に登場した順番に名前のカードを並べ替える。

　　思い出せなかったら、大人がその都度教えて子どもにくり返させ、少しずつ正解の達成感を得られるようにします。

　　この作品は、「くいしんぼう」や「さむがりや」など子どもがあまり人に言えないようなことでも自慢に思えるように、自己肯定感を高めるきっかけにもなります。子どもたちの得意なことや好きなことを聞き出してほめてあげてください。

がちょうのたんじょうび

がちょうの
たんじょうび

新美 南吉／作
黒井 健／絵

あらすじ

動物たちががちょうの誕生日会をやりますが、いたちには
おならをするこまったくせがあります。そこでおならをし
ない約束でいたちをよびました。いたちはどうなるでしょ
うか？

新美 南吉 作　黒井 健 絵
出版社 にっけん教育出版社　出版年 2005 年

＊いろんな絵本がありますが、とりわけ絵が美しいので
　黒井健氏のこの作品がおすすめです。

ねらい

いたちを呼びたいけれど呼ぶとくさいおならをするという、板ばさみ（ジレン
マ）の状況でどうしたらいいかを考えさせます。仲間に対する思いやりの心と
難しい問題を解決する工夫について創造的に考えさせ、みんなが幸せになる方
法を話し合います。

読書メソッドの進め方

1 本の表紙を見せながら問いを出します

問い：（絵を指差しながら）この動物は何？　あひる？　がちょう？　にわとり？
答え：がちょう。
問い：そうだね。（よく見ていることをほめる）

 中とびらを見せます。

問い：（中とびらを見せながら）動物たちは何をしてるの？

答え：誕生日会。

問い：だれの誕生日？

答え：がちょう。

2 音読をしながら言葉がけや問いを出します

📖 がちょうの誕生日なので誕生日会をします

問い：みんなは誕生日会はする？

📖 動物たちが招かれましたが
　　いたちはどうしましょう

問い：どうしてこんなこと言ったと思う？
　　　みんなはどんな人を誕生日会に呼びたい？
　　　どんな人を呼びたくない？

答え：なかのいい人を呼ぶ。なかのわるい人は呼ばない。

問い：いたちはなぜ呼ばないの？

答え：……。

問い：先を読もうね。

📖 いたちはおならをするのです

問い：みんなはおならをする人を呼ぶ？

答え：呼ばない。

問い：でもみんながいたちだったら、呼ばれないとどう思う？

答え：悲しい。

問い：じゃあ、どうしたらいいだろう？　動物たちがいたちを呼ぶと思う？　呼ばないと
　　　思う？

📖 うさぎが使いに行って、おならをしないように頼みました
　　いたちは、「けっしてしません」と答えました

問い：いたちは本当におならはしないかな？

答えＡ：する。

答えＢ：しない。

問い：どっちだろう？

📖 誕生会のときに
　突然いたちが気絶しました
　もるもっとの医者にみせると
　「おならをさせるしかありません」と答えました

問い：動物たちはなんと言うだろう？
答え：いやだー！
問い：でもおならをさせないとどうなる？
答え：いたちは死んじゃう。
問い：死んでもいいの？
答え：かわいそう。

📖 みんなは「いたちをよぶんじゃなかった」と言いました

問い：どう思う？
答えＡ：かわいそう。
答えＢ：しかたないよ。
問い：じゃあ、動物たちはどうすればよかったの？
答えＡ：トイレでおならさせればいい。
答えＢ：誕生日会に誘わなければよかった。
問い：どちらがいいだろう？

3 自分と違う仲間を排除するか、共生するかを考えさせます

「おたんじょうかいにいたちをよんだほうがよかったか？」
自分の意見を原稿用紙に書かせます。理由も書かせます。
また、「いたちをよんで楽しくパーティーするには？」についても意見と理由を書かせます。

＼ 子どもへのサポートのコツ ／

　思いやりの心を学ばせるには、自分の失敗や悲しかったことを思い出し、どうしたらよかったかを考えさせます。

　絵本を楽しませる秘訣は、自分のこととして読ませることです。

　実際に体験していなければ、自分だけお誕生日会に呼ばれなかったらどんな気持ちがするかを想像させましょう。そして、自分だけ遊びに誘われなかったとか、自分だけほめられなかったとかそんな体験も率直に話せるようにします。

　嫌がったらむりに話させてはいけません。もっと優しい問いに切り替えます。

　例えば、「どんな遊びが好き？」「どんなゲームが好き？」のような問いならだれでも答えられます。次に、「ゲームでうまくいかなかったことはある？　そのとき、どんな気持ちがした？」のように自分の失敗体験を話せるようにします。そして「ゲームがうまく行かない人に何て言ってあげたい？」「ドッジボールがうまくできない人に何て言って教えてあげる？」のように対話しながら思いやりの心を引き出していきます。人に対する思いやりの心を育てるには、『がちょうのたんじょうび』は絶好の教材です。

落語絵本　まんじゅうこわい

あらすじ

みんなで嫌いなものを言い合っていたら、はじめは嫌いな
ものもこわいものもないと言い張ったまっつぁんは「まん
じゅうがこわい」と言い出します。みんなはまっつぁんが
気に入らなかったので、まんじゅうをたくさん持っていき
ました。でも実はまんじゅうはまっつぁんの大好物だった
のです。

川端 誠
出版社 **クレヨンハウス**　　出版年 **1996 年**

落語（笑い話）に親しみ、読み手である大人と楽しむことで、学習への緊張感
や抵抗感をやわらげ、大人との信頼関係を築きます。

読書メソッドの進め方

1 本の表紙を見せながら問いを出します

問い：どんなお話だと思う？

答え：まんじゅうの話。

問い：まんじゅうは好き？

答え：あまり食べない。

問い：じゃあ、どんなおかしが好き？

答え：チョコレート！　グミ！　アイス！

問い：（絵を指差しながら）この人たちはどんな顔をしている？　うれしそう？

答え：ちがう。

問い：どんな顔かな？

答え：こわそう。

問い：どうしてこわいんだろう？

表紙から物語に対する興味を高めていきます。
自由に発言させてください。

2 音読をしながら言葉がけや問いを出します

📖　町内の若者の宴会で嫌いなものを言い合うことにした

問い：みんなの嫌いなものは？　食べ物ならピーマン？　納豆？

答え：ピーマン。

問い：どうして？

答え：にがいから。

できるだけ理由を言うような習慣をつけさせましょう。
理由が言えないと話し合いはできません。

📖　みんなは、へび、たぬき、くも、こうもり、けむし、ありが嫌いです

問い：みんなは、この中でどれが嫌い？

答え：くも。

問い：どうして？

答え：気持ち悪いから。

理由が言えたらとにかくほめてあげましょう。

📖　まっつぁんはどれも嫌いじゃないし、こわくもないと言います
　　でも、こわいものが一つあってそれは
　　まんじゅう

まんじゅうと言っただけで気持ち悪くて寝てしまいました
みんなはまっつぁんのことが嫌いだったので

問い：どうすると思う？
答え：まんじゅうを食べさせる。

📖　みんなはたくさんおまんじゅう買って
　　まっつぁんのまくらもとに置きました…

問い：まっつぁんはどうすると思う？
答え：こわがる。

📖　まっつぁんはむちゅうでほおばっているのです

問い：どうしてだろう？
答え：本当は好きだったから。

📖　みんなは怒って
　　「お前がいちばんこわいものはなんだ」と言うと
　　まっつぁんはすかさず「お茶がこわい」

問い：どうしてこんなことを言ったの？
答え：お茶がほしいから。
問い：こんなことが本当にあるかなあ？
答え：あるわけないよ。
問い：じゃあ、なんでこんなお話があるの？
答え：落語だから。

3 みんなも落語のようなおかしな笑い話を作ってみよう

問い：じゃあ、みんなもおかしな笑い話をつくってみようか？
　　　まず先生がつくってみるね。
　　　先生の家ではぞうを飼っています。
　　　エサ代がかかって大変です。
答え：うそだ!!
問い：じゃあ、みんなもうそみたいなおもしろい話をつくってごらん。

ぞうの話をまねさせれば、ペンギンとかキリンとかいろいろな話が出てきます。最初は大人の模倣からはじめればいいのです。

手伝ってあげればきっとおもしろい話が出てきます。できあがった話は、とにかくほめてあげましょう。

＼ 子どもへのサポートのコツ ／

あまり本が好きではない子どもでも、落語の絵本は喜びます。

落語絵本はたくさんの種類があるので、一度は試してみてください。

《落語絵本シリーズ》のおすすめ

『ばけものつかい』

『じゅげむ』

『じごくのそうべえ』

『めぐろのさんま』

話がやさしいのは『ばけものつかい』、難しいのは『めぐろのさんま』です。

Q この本で紹介している読書メソッドの元になっている「ブッククラブ」とは何ですか？

A 　同じ本を読んで、グループで話し合うことです。大人の娯楽としてアメリカで発展しましたが、子どもたちの国語の授業に応用して、読む力や話す力を育てるのに大きな効果をあげています。

小学高学年のブッククラブの様子

小学低学年のブッククラブの様子

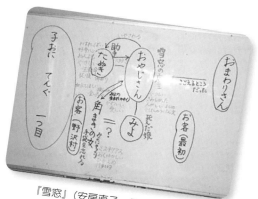

『雪窓』（安房直子・作、偕成社）
主な登場人物を書き、子どもの意見を
聞きながら特徴を書き込んでいきます。

Q ブッククラブの簡単なやり方を教えてください。

A まず、子どもの喜ぶ本を読み聞かせしてください。そして途中で子どもが何か発言したら、無視せずそれに応えてあげてください。

例えば、『はらぺこあおむし』を読んでいて子どもが「このお菓子おいしそう」と言ったら「どのお菓子が好きなの？」のように自然に話し合います。答えられなくてもむりをさせないように。読み終わったら「おもしろかった？」「どこがおもしろかった？」のように聞きます。

中には「おもしろいところはない」という子もいます。そのときは、「気になるところはどこ？」「次はどんな本が読んでみたい？」のように聞きます。

慣れてきたら、本書で紹介したような「問い」を少しずつ取り入れてください。自然に楽しく、少しずつむりなくやってみてください。「読み聞かせ＋話し合い＝ブッククラブ」です。話し合いを取り入れることで、考える力や話し合う力が育つのです。

一番簡単なブッククラブ

おもしろかった？

どこが
おもしろかった？

読み聞かせ＋話し合い＝ブッククラブ

Q なぜ読書活動が特別支援の指導に効果的なのですか？

A 読書の場合、子どもに合った難易度で、さまざまな興味に対応させ、教材を選定することができるからです。また、教科書で学びにくいことに対応することも可能です。複数の子がいれば、一番読書力の低い子に合わせ、より多くの子が興味を持つ本を選びます。

Q 「教科書を使っていない」と校長や同僚や親からクレームがあった場合どうしたらいいですか？

A 　学校によって、教科書しか使ってはいけないという方針のところもあるかもしれません。しかし、今の文部科学省の方針の下、教科書は単元の間に関連図書を読むような構成になっています。そのような教科書の流れに沿って学年の教師たちとよく話し合い、読書単元を週案に取り入れるようにしていってはどうでしょう。

Q 授業時間の目安を教えてください。

A 　子どもの読む力や発達段階によりますが、授業でおこなう場合は、子どもの読解力に応じて時数は、1冊の本を1時間から3時間ぐらいかけるのが目安です。親がおこなう場合は、あきさせないために30分ぐらいで終わるよう手短かに進めてください。

Q どんな本が読書メソッドに向いていますか？

A 　「なぜ？」とか「これからどうなる？」とか「あなたなら、どうする？」という問いが出せるような本です。登場人物の行動の理由がはっきりしていたり、次に何が起きるか予測できたり、つまりくり返しの多い、子どもの生活に身近な本です。そして子どものレベルに合っていて、興味を惹きつける本がいいでしょう。慣れてくれば、どんな本でもできます。最初は本書で紹介した本ではじめてください。

Q 子どもへの質問、問いの立て方のコツを教えてください。

A 基本的な問いのパターンは以下になります。
①（物語の展開が）これからどうなるか？
②なぜ、登場人物はこの行動をしたか？
③あなたも似たような体験があるか？
④あなたが登場人物ならどうするか？
⑤どこがおもしろかったか？

　これらの問いに答えられないときは、補助的な質問をしたり、いくつか答えの例をあげて選ばせたりします。それでも答えられないときは、むりをせず先に進みます。

基本的な問い

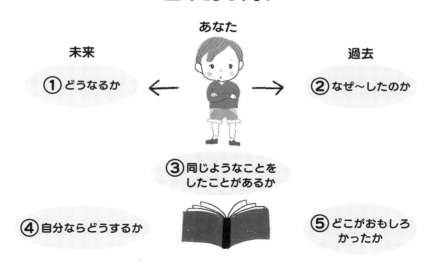

あなた

未来　　　　　　　　　　　　　　　過去
①どうなるか　←　　　→　②なぜ～したのか

③同じようなことを
したことがあるか

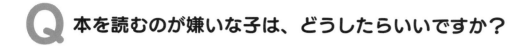

④自分ならどうするか　　　⑤どこがおもしろ
かったか

Q 本を読むのが嫌いな子は、どうしたらいいですか？

A そもそも読むことが苦痛な子がいます。そういう子には、やさしくておもしろい本をゆっくりと読んで、興味が出るのを待ちましょう。苦痛の原因は、興味がないだけではなく、読むことに慣れていないこともあります。やさしくておもしろい本を読み続けましょう。低学年ならば、家庭でも毎晩1冊は絵本を読むようにしましょう。

Q 質問されるのを嫌がる子には、どうしたらいいですか？

A　本を読みながら質問するのを嫌がる子は必ずいます。だからと言ってあきらめてはいけません。そういう子にこそ対話の楽しさを体験させましょう。子どもが興味を持って何か言いたそうにしたとき、「どう思う？」とか「おもしろい？」とか自然な声がけをしてみましょう。そのとき、すぐに返事が返ってこなくてもいいのです。だんだん対話に慣れて対話の楽しさがわかるまで、むりせず急がずその子が口を開くのを待ちましょう。

　また、どういう答えがあるのかの例を示して、それをまねさせてもいいでしょう。

Q 発言するのが苦手な子には、どうしたらいいですか？

A　大人が話し方の例を示し、くり返し練習しましょう。手順は次のとおりです。

①なるべく、話しやすい問いを与えます。

　例えば、「好きな食べ物は何？」とか「好きなゲームは？」のような問いです。

②まず子どもに単語で答えさせ、次に文章にして復唱させます。

　例えば、「カレーライス」と答えたら、「わたしは、カレーライスが好きです」と大人が文章に直し、それをくり返させます。

①どんな　食べものが　好き？

カレーライス！

②わたしは　カレーライスが　好きです
言ってごらん

③次に理由を聞きます。

「どうしてカレーライスが好きなの?」と聞き、子どもが「からいから」と理由を答えたら、大人は「わたしは、カレーライスが好きです。なぜなら、からいからです」のように文章にして、子どもにくり返させます。

決してむりじいせず、やさしい問いで短時間でやり、日にちを置いてくり返しやります。

Q イライラしていたり、やる気がないなど情緒が不安定な子には、どうすればいいですか?

一番大切なのは教師や親が、子どもの感情に巻き込まれずにカウンセリング的な対応をすることです。

次のような手順でおこないます。

①**受容**:子どもの感情や意見を一切批判や非難をしないで受け止めます。穏やかな表情で受け入れましょう。

②**傾聴**:子どもの言うことによく耳を傾けます。子どもの答えがわからないときは、怒らせないように質問し、長くなったらまとめてあげます。理解していることを示すためにうなずいたり、あいづちを打ちます。不自然にならないようにしましょう。

③**共感**:子どもの怒りや不満に共感します。見せかけでなく、心から共感するような表情や態度をとります。

④**ほめる・励ます**:「よく話してくれたね」「今日はよく座っていたね」のようにどこかいいところを見つけて、ほめてあげましょう。励ますときに「がんばって」と言うのは逆効果になります。十分がんばっていると本人は思っているからです。「ありがとう」とか「よく話してくれたね」のように励ましてあげてください。

また、周りの子に暴力や暴言をはいたり、急に無気力になったり、何もやらなくなったりする子どももいます。子どもが機嫌が悪いときはそっと受け止めてやりましょう。わがままを言ったときは、怒らないで優しく気持ちを受け止めて、しかし無茶な要求は大人が感情的にならずに、子どもを感情的にさせて刺激することを避けてください。

Q 質問に答えられないで怒り出す子どもには、どうしたらいいですか？

A 理由のわからない怒り方をする子もいます。ただ、注意をすると火に油を注ぐこともあります。まずは、子どもから空間的距離をとって落ち着かせてください。質問をして怒り出したのなら、質問はやめます。本を読むのが苦痛そうなら、それもやめます。子どもが落ち着くまで、別室で過ごさせる方法もあります。

Q 書くのが苦手な子をどうやって指導するといいですか？

A 毎日、少しずつ書かせれば慣れてきて、きっと書くことが楽しくなります。
　そのためには、①やさしくだれでも書けて、②子どもが興味を持つ問いを与えます。やさしい問いとは「好きな食べ物は何？」とか「どんなおもちゃがほしい？」など、自分に関係のある問いです。
　まず、問いを出して答えを言わせます。言えない子には大人がいくつかの答えを用意して選ばせます。それから、言った通りに書かせます。これをくり返せば、どんどん書き進めるようになります。

**書く力をのばす指導では、どんなことを
書かせたらいいですか？**

A 　大人が書かせたいことではなく、子どもが一番書きたいと思うこと、書きやすいこと
を書かせましょう。大人が「書かせたいこと」を押し付けてはいけません。

大人：好きなゲームは何て言うの？
子ども：ルイージマンション。
大人：どこがおもしろいの？
子ども：おばけをやっつけるから。
大人：「ぼくの好きなゲームは、ルイージマンションです。おばけをやっつけるところ
　　　　がおもしろいです。」と書いてみよう。

　子どもが書けるかどうかは、やってみないとわかりません。何度もチャレンジしてみ
てください。

絵本は嫌だという子は、どうしたらいいですか？

子どもによっては、絵に抵抗を示す子がいるかもしれません。そういうときは、絵がない児童文学を読んであげましょう。学校図書館の本はすべて使ってみて、足りなくなれば公立図書館で探してみましょう。どんな子にでもふさわしい絵本や児童書が山のようにあるはずです。漫画や図鑑などからはじめてもいいでしょう。

四コマ漫画の事例（中学年用）

サザエさん

この漫画のどこがおもしろいですか？

サザエさんみたいな人をどう思いますか？

出典：「よりぬきサザエさん　NO.11　長谷川町子、朝日新聞出版　P9」

　いきなり書かせないで、漫画を十分に見せてどういうことか口頭で確認してから、問いに取り組ませてください。この漫画のおもしろさは、自分が急病人なのに、やじ馬根性を抑えきれずに「何が起きたのか」とのぞき見するところにあります。

　最初の問いの答えは「自分が救急車に乗っているのに、消防車をのぞき見したから」となりますが、「消防車をのぞき見したから」ぐらいでもいいのです。書けない子には大人が教えて、その通りに書かせます。

四コマ漫画の事例（高学年用）

出典：前出

テレビ局とおでん屋、どちらで働いてみたいですか？

おでん屋のおじさんは、どんな気持ちですか？

波平さんは、どんな気持ちで話していますか？

　これもいきなり書かせずに、まずは内容を理解させます。

　波平はテレビ局の重役のほうが屋台のおでん屋より偉いと思っているのに、おでん屋の主人は自分のほうが偉いと思っています。それを子どもの言葉で「テレビのほうが偉いと思っている」程度の答えでいいのです。テレビ局員にもおでん屋にもなりたくない子には、「どんなことがやってみたい？」と聞いて書かせます。「ユーチューバー」などでもいいのです。むりをさせず、一歩一歩進めましょう。

　この漫画が難しいと言う子には「忍たま乱太郎シリーズ」のような親しみやすいものでもいいし、それも難しければ図鑑などからはじめてもいいでしょう。

学年は大体の目安です。子どもの特性や読書能力に応じて調節してください。

本に興味を持たせる（低学年）

おばけのバーバパパ

アネット・チゾンとタラス・テイラー さく
やましたはるお やく（偕成社、1972 年）
幸せじゃなかったバーバパパはみんなを助けて人気者
になります。

親子関係を考える（低学年）

てぶくろ

いもとようこ（講談社、2014 年）

てぶくろのないみみたんは、みんなが手をつなげば暖
かくなることを知りました。

友だちの大切さを考える（低学年）

ぼうしをかぶったオニの子

川崎洋 作　飯野和好 絵（あかね書房、2008 年）
ぼうしをかぶったオニの子は一人で旅をしながらいろ
いろな冒険をします。

自分がしたいことは何か考える（低学年）

だってだっての おばあさん

さく・え 佐野洋子（フレーベル館、2009 年）

「だってだって」と、こわがって何もできないおばあ
さんは、ねこにはげまされて元気になりました。

質問力を身につける（低学年）

ダンゴムシ みつけたよ

皆越ようせい 写真・文（ポプラ社、2002 年）

ダンゴムシの生態を美しい写真で解説します。

集中して本を読む（低・中学年）

これは のみの ぴこ

谷川俊太郎・作　和田誠・絵（サンリード、1979 年）

のみのぴこの知り合いがしりとりのように次々に登場し興味を引きます。

本の楽しさを体験する（低・中学年）

11 ぴきのねこ

馬場のぼる（こぐま社、1967 年）

ねこたちがなかよく船で旅をする楽しい話です。

自分の意見を言う（低・中学年）

げたに ばける

新美南吉 作　西村敏雄 絵（鈴木出版、2016 年）

下駄に化けたぶきような狸はおさむらいに助けられて幸せになります。

わかち合うことを知る（中学年）

にじいろのさかな

マーカス・フィスター・作　谷川俊太郎・訳
（講談社、1995 年）

にじいろのさかなは大切なキラキラうろこをみんなに
あげたら幸せになりました。

相手の気持ちを考える（中学年）

きつねのおきゃくさま

あまんきみこ・ぶん　二俣英五郎・え
（サンリード、1984 年）

動物たちを食べようとしたきつねは逆に動物たちを守
ります。

生活習慣を身につける（中学年）

むしばミュータンスのぼうけん

かこさとし（童心社、1976 年）

歯みがきの大切さを興味深い絵と説明でわからせてく
れます。

心をおだやかにする（中・高学年）

ちいさなちいさな駅長さんの話

いぬいとみこ ぶん　津田櫓冬 え
（新日本出版社、1973 年）

親切な駅長さんと優しい少年の心の交流の話です。

無償の愛を考える（中・高学年）

おおきな木

シェル・シルヴァスタイン さく・え
ほんだきんいちろう やく（篠崎書林、1976 年）

大きな木はわがままな少年に愛情を注ぎ続けます。

愛する者との死別を考える（中・高学年）

ずーっと ずっと だいすきだよ

ハンス・ウィルヘルム えとぶん　久山太市 やく
（評論社、1988 年）

大好きだった犬が死をむかえたとき、男の子がどう乗り越えたのかを考えます。

協調性を学ぶ（中・高学年）

オオカミと石のスープ

アナイス・ヴォージュラード 作・絵　平岡敦 訳
（徳間書店、2001 年）

オオカミは動物たちを食べに来ましたが逆に追い出されます。

いじめを考える（中・高学年）

世界でいちばんやかましい音

ベンジャミン・エルキン 作　松岡享子 訳
太田大八 絵（こぐま社、1999 年）

世界で一番やかましい音が聞きたかった王子様が静かな幸せを知ります。

物語を批判的に読む（中・高学年）

新・講談社の絵本 桃太郎

（講談社、2001 年）

桃太郎は悪い鬼を退治して宝物を手に入れました。

自分に自信を持つ（高学年）

泥かぶら

眞山美保・原作　くすのきしげのり・文
伊藤秀男・絵（瑞雲舎、2012 年）

自分が醜いと思い荒れていた少女はみんなに親切にして美しくなります。

悲しみを乗り越える（高学年）

わすれられないおくりもの

スーザン・バーレイ さくえ　小川仁央 やく
（評論社、1986 年）

アナグマはみんなにいいことをして忘れられない思い出を作りました。みんながアナグマが残してくれた大切なものに気づくお話です。

著者プロフィール

有元秀文（ありもと ひでふみ）

1971 年　東京都立新宿高等学校国語科教諭
1986 年　文化庁文化部国語課国語調査官
1991 年　国立教育研究所教科教育研究部主任研究官
2001 年　月国立教育政策研究所教育課程研究センター基礎研究部総括研究官
2001 年　国際基督教大学語学科非常勤講師
2004 年　東京大学教育学部非常勤講師
2012 年　日本ブッククラブ協会理事長
2014 年　子どもブッククラブセミナー開設
2017 年　むさしのブックスクール開校

・スペインで開発された読書教育方法「読書へのアニマシオン」を初めて現地調査により導入し普及した。
・アメリカで開発された読書による国語の指導法「ブッククラブ」を初めて現地調査により導入し、改良して普及した。
・NPO 法人日本ブッククラブ協会を設立しブッククラブの指導方法の開発と普及をおこなっている。
・むさしのブックスクールを開設し指導法の研鑽と普及をおこなっている。

●主な著書

『子どもが必ず本好きになる 16 の方法・実践アニマシオン』（合同出版、2005 年）
『ブッククラブ・メソッドで国語力が驚くほど伸びる』（合同出版、2011 年）
『まともな日本語を教えない勘違いだらけの国語教育』（合同出版、2012 年）
『学力をグングン伸ばす　親の「質問力」』（扶桑社、2018 年）

松原ゆかり（まつばら ゆかり）

2005 年　　上越教育大学大学院学校教育研究科修了
2013 年　　明治学院大学大学院社会学研究科前期博士課程修了
1989 年〜　公立学校教諭
2018 年　　武蔵野市立井の頭小学校特別支援学級コーディネーター
2020 年　　武蔵野市立井の頭小学校特別支援学級教室主任

カバー＆本文デザイン　　宇都木スズムシ（ムシカゴグラフィックス）
　　　　イラスト　　はらぐちあつこ
　　　　組　版　　GALLAP

はじめての読書メソッド
本が苦手な子を本好きにする17の方法

2020 年 8 月 15 日　第 1 刷発行

著　者　有元秀文
　　　　松原ゆかり
発行者　坂上美樹
発行所　合同出版株式会社
　　　　　東京都千代田区神田神保町 1-44
　　　　　郵便番号　101-0051
　　　　　電話 03（3294）3506　FAX 03（3294）3509
　　　　　ＵＲＬ：www.godo-shuppan.co.jp/
　　　　　振替　00180-9-65422
印刷・製本　株式会社シナノ